POÉSIES

DE MAGU

TISSERAND

PRÉCÉDÉES D'UNE NOTICE

PAR

GEORGE SAND

PARIS

ADOLPHE DELAHAYS, LIBRAIRE

4 ET 6, RUE VOLTAIRE.

1845

PARIS. — IMPRIMERIE DE FAIN,
Rue Racine, n°. 4, place de l'Odéon.

POÉSIES

DE

MAGU

DE L'IMPRIMERIE DE CRAPELET
RUE DE VAUGIRARD. 9

POÉSIES

DE MAGU

TISSERAND A LIZY-SUR-OURCQ

AVEC UNE PRÉFACE

PAR GEORGE SAND

PARIS

CHARPENTIER, LIBRAIRE-ÉDITEUR

29, RUE DE SEINE-ST-GERMAIN

1845

Le plus naïf et le plus aimable de ces
poëtes nouvellement éclos au sein du peuple, dont nous avons déjà plus d'une fois
signalé l'avénement, c'est le bonhomme
Magu. Artisan rustique né au village, sachant à peine lire, il précéda de beaucoup
d'années Beuzeville et Lebreton, Poncy, Sa-
vinien Lapointe, et même, je crois, Durand,
qui est de plusieurs années plus jeune que
lui. Magu, tout jeune garçon, amoureux de
sa cousine, qui est aujourd'hui la mère
Magu aux quatorze enfants, rimait avant
que l'on songeât à la nombreuse postérité

que notre époque vient de donner à maître
Adam, le menuisier nivernais. Il s'inspirait
de la Fontaine; il avait deviné Béranger; et
sans atteindre ni l'un ni l'autre, il ne restait en arrière de personne dans la sphère
de ses idées et dans la nature de son talent.
Moins habile à manier la langue nouvelle
que Poncy et Lapointe, brillants produits
de l'école romantique, il chantait dans la
vieille bonne langue française dont il a con-
servé le tour naïf et clair, l'heureuse conci-
sion et la grâce enjouée. L'on a reproché
quelquefois avec raison à nos jeunes poëtes
prolétaires de manquer de cette originalité
féconde qu'on devait attendre de la race
nouvellement initiée aux mystères de la
poésie. On exigeait de ceux-là, à la vérité,
plus que le progrès des idées ne pouvait leur
inspirer encore. On voulait des miracles,
un langage à la fois énergique et grandiose,
des formes toutes nouvelles, un élément in-
connu jusqu'ici, apporté d'emblée par eux

dans la poésie dès le premier essai. Trop sévères envers eux, on ne se contentait pas de leur voir peindre et manifester leur vie populaire dans un langage extraordinairement pur, élevé et savant par rapport à leur éducation; on les accusait de se traîner dans la route tracée par les poëtes des autres classes, d'imiter leur manière, de se servir des mêmes formes. Ce reproche n'était ni généreux ni juste, bien qu'à certains égards il fût assez fondé. Il faudrait plus d'espace que nous n'en avons ici pour développer notre sentiment sur cette question, et pour prouver que, si le peuple n'a pu produire encore un génie entièrement neuf, ce n'est point qu'il manque virtuellement de la puissance de le produire. Nous prouverions que le milieu social où il vit lui refuse cette inspiration que n'ont pas encore eue et que n'auront pas de sitôt non plus les poëtes du monde des riches. Mais ce n'est pas ici le lieu de soulever d'aussi chaudes ques-

tions : elles seraient hors de place. Magu
est un esprit calme, qui se venge de l'iné-
galité sociale par une malice si charmante
que nul ne peut s'en offenser, et qui se résigne à son sort avec une patience, une modestie et une douceur pleines de grâces touchantes et fines. Nous aurions donc mauvaise grâce nous-même à secouer sur son
chemin paisible la poussière et les cailloux,
et à donner pour frontispice à son œuvre
une discussion où sa personnalité humble
et souriante serait comme défigurée par nos
tristes pensées et nos pénibles réflexions.

Cela serait d'autant plus hors de saison
que personne n'a pu adresser à Magu les
reproches dont nous voudrions excuser
comme il convient ses confrères les nobles
poëtes ouvriers. Tout le monde, au contraire, a remarqué avec intérêt que Magu
était, dans ses vers comme dans sa vie, un
véritable ouvrier ; qu'il ne faisait aucun
effort pour parler la langue des hommes

savants, et que celle des muses naïves lui
arrivait toute naturelle, tout appropriée à
sa condition, à ses habitudes, à son mode
d'existence. La poésie s'est révélée à lui
sous la véritable forme qu'elle devait prendre au village, au foyer rustique, au métier
du tisserand. Cette muse aimable ne s'est
point trop parée, et, comme il est homme
de grand sens et de tact parfait, il l'a trou-
vée belle dans sa simplicité; il l'a reconnue
pour sa véritable lumière; il l'a accueillie
et fêtée d'un cœur hospitalier et reconnaissant. Aussi ne l'a-t-elle pas égaré, et lui
a-t-elle dicté des chants si purs et si vrais,
que le plus simple paysan de son hameau
peut les comprendre aussi bien que les let-
trés de la ville. La mère Magu, cette digne
femme qui, lorsqu'elle n'était que la cousine et la fiancée du poëte,

..... Distinguait bien un œillet d'une rose,
Mais ne démêlait point les vers d'avec la prose,

est aujourd'hui un fort bon juge que son

mari aime à consulter. C'est un grand mérite et un grand art que d'obéir à ce genre
d'inspiration qui porte avec soi le don d'ini-
tier toutes les intelligences aux grâces bien-
faisantes de la poésie.

La vie de Magu a été racontée dans di-
verses notices biographiques qui ont orné
les précédentes éditions de ses œuvres. On
peut la résumer en peu de mots. Pendant
trois hivers, cet enfant du pauvre reçut au
village de Tancrou (canton de Lizy) l'instruction primaire, beaucoup plus humble
alors qu'aujourd'hui. L'été, il travaillait à
ôter des champs les cailloux et les chardons.
Dès l'âge de vingt ans, atteint d'une ophthalmie cruelle et devenu peu à peu presque
aveugle, il n'en continua pas moins son état
de tisserand et sa lecture favorite de la Fontaine dans ses intervalles de santé. Il aima
tendrement sa compagne, éleva une nombreuse famille, et supporta beaucoup de
misère. Depuis quelques années seulement,

il est devenu célèbre sans savoir comment,
et en s'étonnant beaucoup que ses pauvres
rimes, comme il les appelait, eussent trouvé
de nombreux admirateurs et conquis un
public. Fêté et choyé dans plusieurs salons
de Paris, visité dans sa maisonnette par de
beaux esprits et de belles dames, il n'en fut
pas plus fier. Plein de goût, de gaieté, de
naturel et de droiture, le bonhomme frappa
tout le monde par l'entrain spirituel de sa
conversation, et par le charme de ses lettres
affectueuses et remplies de la divination des
véritables convenances. Il ne faut pas voir
plus de dix minutes le tisserand de Lizy,
pour être convaincu de la supériorité de son
intelligence, non-seulement comme poëte,
mais comme homme de vie pratique. Il n'a
dépouillé ni les habits ni les manières de
l'artisan ; mais il sait donner tant de dis-
tinction à son naturel, qu'on s'imagine
voir un de ces personnages qu'on n'avait
rencontrés que dans les romans ou sur le

théâtre, parlant à la fois comme un paysan
et comme un homme du monde, et raisonnant presque toujours mieux que l'un et que
l'autre.

Les lecteurs les plus récalcitrants à la
poésie du peuple ont été presque tous désarmés par les vers de Magu, et peu de poëtes
ont inspiré autant de bienveillance et de
sympathie. C'est que ses vers respirent l'un
et l'autre sentiment. Ils sont si coulants, si
bonnement malins, si affectueux et si convaincants, qu'on est forcé de les aimer, et
qu'on ne s'aperçoit pas de quelques défauts
d'élégance ou de correction. Il y en a de si
vraiment adorables qu'on est attendri, et
qu'on n'a le courage de rien critiquer.

GEORGE SAND.

NOTICE.

Magu est né à Paris, en 1788; il n'avait que huit ans lorsque sa famille quitta la capitale, pour s'établir à Tancrou, près de Lizy-sur-Ourcq. Livré dès l'enfance aux travaux de la campagne, il ne fréquenta que pendant trois hivers à peine l'école de son village. Si l'amour et les soins d'une mère avaient suffi pour développer les instincts poétiques du pauvre écolier, l'enseignement qu'il avait reçu n'était point de nature à lui permettre d'exprimer ses idées. Aussi Magu sentit bientôt le besoin de

suppléer par lui-même à l'instruction qui lui manquait.
Placé en apprentissage chez un tisserand, il se procura,
à force de privations et d'économies, quelques bons livres
qu'il étudiait pendant ses courts et rares loisirs. Ses
sympathies l'entraînaient de préférence vers les poëtes;
mais il s'attacha surtout à la Fontaine, qui fut son
véritable maître et *longtemps son seul ami,* comme il
le déclare lui-même dans son Épître aux lecteurs.

Les rudes épreuves de la vie commencèrent de bonne
heure pour le poëte; au moment où il redoublait d'ardeur
et de courage pour concilier ses chères études avec les
travaux manuels qui le faisaient vivre, il fut atteint d'une
ophthalmie qui faillit lui enlever complétement l'usage
de la vue, et à la suite de laquelle il lui survint une cata-
racte à l'œil droit et une taie sur l'œil gauche. On comprend quels tristes résultats devait avoir pour Magu une
pareille infirmité; ce fut pourtant vers cette époque, il avait
alors de dix-huit à vingt ans, que ses premières chansons
circulèrent dans les campagnes des environs de Lizy;
mais ce n'est qu'en 1840 que les vers de Magu furent re-
cueillis et imprimés pour la première fois. Cette publica-
tion, qui eut un véritable succès, valut au bon tisserand
les suffrages les plus flatteurs et lui conquit une place
modeste, mais bien distincte, dans la pléiade des poëtes
populaires.

Magu reçut de tous côtés les témoignages de sympathie les moins équivoques; ceux qui durent le toucher le plus vivement sont exprimés dans la lettre suivante, que lui adressa Béranger :

« Je n'ai reçu qu'il y a peu de jours, mon cher confrère;
« les jolis vers que vous m'avez envoyés le 16 avril. Ne
« vous en prenez donc point à moi, si j'ai tant tardé à
« vous en faire mes remercîments. Malgré ce que vous
« dites dans ces couplets, croyez que je suis exact à ré-
« pondre aux gens de cœur qui me donnent des témoi-
« gnages de sympathie. Je saisis donc avec empressement
« l'occasion que vous me procurez de vous dire tout le
« plaisir que j'ai éprouvé à la lecture de votre volume de
« poésie. J'ai trouvé en vous le poëte artisan, tel qu'il me
« semble devoir être : occupé de rendre ses sentiments
« intimes avec la couleur des objets dont il vit entouré;
« sans ambition de langage et d'idées; ne puisant qu'à sa
« propre source, et n'empruntant qu'à son cœur, et non
« aux livres, des peintures pleines d'une sensibilité vraie
« et d'une philosophie pratique. D'après cela, vous jugerez
« combien j'ai dû me plaire à la lecture de votre volume.
« J'y ai rencontré mon nom avec celui de M. Benoît. Quel
« est cet ami qui vous a donné mon portrait? Il a bien
« fait, s'il vous l'a donné comme celui de l'homme qui a
« célébré les vertus populaires, sinon avec le plus de

« talent, du moins avec le plus de conviction. Aussi suis-je
« le premier à applaudir au mérite que voient éclore les
« classes travailleuses, dont je n'aurais pas dû cesser de
« faire partie. J'applaudis d'autant plus, quand ce mérite
« est accompagué, comme chez vous, de résignation et de
« modestie. Puisse enfin un sort assuré et tranquille être
« le fruit des doubles travaux du pauvre tisserand de
« Lizy! En devenant poëte, il n'a pas dédaigné la navette,
« et son exemple profitera sans doute à beaucoup d'arti-
« sans qui, trop souvent, abandonnent, pour se trans-
« former en littérateurs, les travaux plus souvent utiles,
« et aussi honorables, qui peuvent assurer leur existence
« comme citoyens.

« Avec tous mes remercîments, et mes éloges bien sin-
« cères, recevez, mon cher confrère, l'assurance de mon
« affectueuse considération.

« Béranger. »

Tours, 17 novembre 1839.

M. Villemain et M. de Salvandy, qui furent successive-
ment ministres de l'instruction publique, sentirent de quel
prix seraient leurs encouragements et pour le poëte et
pour tous ceux qui, comme lui, venaient témoigner du
progrès intellectuel des classes ouvrières, en augmentant

le fonds déjà si riche de notre littérature par des pro-
ductions vraiment originales. M. Villemain souscrivit pour
cinquante exemplaires aux poésies de Magu. M. de Salvandy, de son côté, avait précédemment accordé au
poëte, sur l'instante recommandation de madame de
Feray, une pension de 200 fr.

Le nom de cette excellente dame nous rappelle un petit
incident qui peint d'un trait la naïveté du bon Magu :
lorsqu'il alla remercier sa protectrice, il s'arrêta tout court
à l'entrée du salon, ne pouvant se décider à marcher sur
un magnifique tapis qui couvrait le parquet ; ce fut madame
de Féray elle-même qui vint le tirer d'embarras en lui
présentant la main avec un gracieux sourire.

Nous ne pouvons citer tous les noms recommandables
ou illustres que le poëte inscrivit bientôt sur la liste de ses
souscripteurs ; il reconnut dès lors que dans toutes les
classes de la société ses vers étaient dignement ap-
préciés (1).

(1) Nous rappellerons ici avec un souvenir de reconnaissance les
noms de MM. Broussais, Sichel, Ménier, Champion, dit le *petit Manteau
Bleu*, Boucher, Carro, Des Alleurs, Aubry, Lemoine, Tampucci, Bous-
sart, Noël, Adam Salomon, et de mesdames Hallé, Dufay, de Morell,
d'Eyragues, Panckoucke et de Volney. Du reste, le poëte a lui-même
acquitté ses dettes de cœur dans des vers pleins de grâce et de sentiment, que personne ne lira sans intérêt.

Soutenu par tant de suffrages, Magu a produit, en 1842, un second volume de poésies qui ajoute encore à l'heureuse opinion qu'on avait conçue de son talent. Il manquait à Magu les honneurs d'une édition choisie; un de ses admirateurs les plus sympathiques, Charles-Auguste Chopin, poëte lui-même, enlevé trop tôt à la poésie et à l'amitié, a voulu remplir ce devoir envers le vieux tisserand qu'il était allé chercher au fond de sa chaumière, et dont il s'était fait un véritable ami. C'est aux dernières volontés de Charles-Auguste Chopin que le public devra le recueil que nous lui offrons aujourd'hui, et qui reçoit une recommandation si puissante de la main d'une femme éloquente et généreuse. Le volume qu'on va lire a été composé d'après les conseils mêmes du bienfaiteur de Magu, avec une sévère critique, dont le poëte a accepté tous les jugements. Nous espérons qu'il donnera une idée complète de ce talent simple et pur qui s'est développé loin de notre vie agitée et de nos passions politiques, au milieu des plus dures nécessités de la vie, sous l'inspiration de la plus touchante des Muses, celle de la nature champêtre et du foyer domestique.

Les personnes qui, après avoir lu les vers du poëte de Lizy, voudront connaître ses traits, les trouveront reproduits avec une simplicité naïve en tête de la première édition de ses œuvres, par l'habile crayon de M. Alophe

Menut. Un grand artiste de nos jours, un membre de
l'Institut, M. David d'Angers, qui a plus d'une fois mis
son talent au service des gloires populaires, n'a pas voulu
que son hommage manquât au concert d'éloges qui ac-
cueillirent, dès son apparition, la poésie de Magu; il a
fait, en 1842, le voyage de Lizy pour y dessiner d'apres
nature la physionomie originale du poëte-artisan, et
aujourd'hui le bronze l'a consacrée.

POÉSIES

1

A LA MÉMOIRE

D'AUGUSTE CHOPIN.

—

Quand je jetais au ciel un long cri de détresse,
Qu'aveugle, au Dieu puissant je demandais du pain,
Du pain pour seul trésor, pour unique richesse,
Comme l'oiseau d'Élie, il m'envoya CHOPIN.

Que de bonheur je dus à sa sollicitude !
Quand il vint à mon seuil où pleurait la pitié,
Sans exigeant conseil et sans ingratitude
Noble et simple à la fois je connus l'amitié.

Sa voix de mes beaux jours me rappelait l'aurore ,

Et chassait loin de moi la tristesse et l'ennui.

Hier de mon avenir il s'occupait encore ,

Il me parlait d'espoir... pour mourir aujourd'hui !

Pauvre ami ! toujours bon jusqu'à l'heure suprême ,

A mes destins futurs il pensait pour nous deux ;

Ma gloire a tourmenté son cœur plus que moi-même

Et son or vient aider mes essais hasardeux.

Va , mon zèle répond à ta volonté sainte !

Mais pour éterniser ton nom et tes bienfaits ,

Pour consoler ton ombre au doux bruit de ma plainte,

O poëte , est-ce assez de mes chants imparfaits ?

AUX LECTEURS.

J'étais bien jeune encor, quand ma rustique lyre
Pour la première fois soupira mon délire ;
Ma voix mal assurée essaya quelques sons,
Mais l'amour seul connut mes rustiques chansons,
Car je chantais alors comme on chante au village,
Et j'en avais les mœurs, ainsi que le langage.

Quelques livres, tombés dans mes mains par hasard,

Sont venus m'éclairer, et je soupçonnai l'art.
Ce fut toi le premier, ô naïf La Fontaine,
Qui réglas les accords de ma lyre incertaine,
Longtemps, mon seul ami, tu me fus suffisant;
Tu sus former mon goût, m'instruire en m'amusant.
Poëte ingénieux, formé par la nature,
N'as-tu pas de nos cœurs dévoilé l'imposture,
Sans blesser notre orgueil, attaqué nos travers;
Je n'oublîrai jamais tes leçons ni tes vers.
J'appris en te lisant, homme simple et sublime,
A cadencer des mots pour y joindre une rime;
J'obéissais alors à mon puissant vainqueur,
Je chantais mon amour, il débordait mon cœur,
L'amour me rendait fier, il élevait mon âme,
Il me semblait qu'en vers je peindrais mieux ma flamme;
Ma belle me comprit, avec peine pourtant,
Je sus l'intéresser, aussi je l'aimais tant!
Elle distinguait bien un œillet d'une rose,

Mais ne démêlait point les vers d'avec la prose,

Lecteur, n'en riez pas, on ignore au hameau

L'art qu'enseignait Horace, et que rima Boileau,

Elle ne connaissait que son dé, ses aiguilles ;

Mais cela dura peu, *l'esprit vient vite aux filles.*

Bientôt elle daigna me donner des avis,

Elle m'en donne encor, parfois ils sont suivis.

Une fois marié, ma lyre suspendue

Resta pour quelque temps muette et détendue,

Un travail obstiné dévorait tout mon temps ;

Un enfant, sans manquer, m'arrivait tous les ans,

On sait qu'à l'indigent cette aubaine est commune,

Il ne s'en plaint jamais, bien loin, c'est sa fortune ;

Économe, assidu, borné dans ses besoins,

C'est de tous les revers celui qu'il craint le moins ;

Sa famille s'accroît, il n'en est pas plus triste,

Il veille un peu plus tard, et le bon Dieu l'assiste.

C'est mon histoire à moi ; mais pendant les hivers
Ma muse auprès du feu soupirait quelques vers ;
Beaucoup se sont perdus, j'ignorais que ma lyre
Modulait des accords qu'un jour on voudrait lire ;
Ils ne sont pas le fruit du travail, du savoir ;
Obscurs délassements de mes heures du soir,
Je les ai rassemblés pour en former ce livre,
Et ce n'est qu'en tremblant qu'au public je le livre.

A MES AMIS.

Il le faut donc? Eh bien! je me résigne,

Vous le voulez, la presse va gémir.

D'un tel honneur je me crois bien indigne,

Non, je ne puis y penser sans frémir;

Vous exhumez les enfants de ma lyre

Que je voulais laisser dans le néant,

Pensez-y bien ; mon Dieu ! que va-t-on dire
Quand on lira les vers du tisserand ?

Je cède enfin à la douce espérance,
J'ai vu briller son céleste rayon ;
Sur mon succès, non, plus de défiance.
Du bon Alophe admirant le crayon,
Chacun dira : le livre est bien modeste,
Mais le portrait est l'œuvre du talent.
Votre concours, amis, fera le reste ;
Que deviendrait sans vous le tisserand !

Par vous j'aurai cette humble maisonnette
Où j'ai passé les plus beaux de mes jours,
Et le jardin où ma simple musette
Sans nul écho soupirait mes amours.
O. doux foyer, berceau de ma jeunesse
Que j'ai perdu, que l'amitié me rend !

Ton chaume doit abriter ma vieillesse,

C'est le seul vœu du pauvre tisserand.

Mais me voilà retombé dans mon rêve ;

Oh ! point de bruit, respectez mon sommeil.

Vous qui veillez, faites donc qu'il s'achève

Et s'accomplisse à l'instant du réveil ;

Flattez, amis, caressez ma folie,

Vous qui montez mon cerveau délirant,

Semez de fleurs l'automne de ma vie,

Vous bénira le pauvre tisserand.

Lisy, 5 octobre 1838.

LE BON DIEU S'EST MOQUÉ DE MOI.

CHANSON.

J'ai lu que Dieu créa la terre
Pour les hommes qu'il fit égaux,
C'était bien agir en bon père
Si pour tous il eût fait des lots.
J'arrive ; mais on me repousse,
Ma part est prise, enfin je voi

2

Que je n'en aurai pas un pouce,
Le bon Dieu s'est moqué de moi.

Quand les beaux-arts et l'industrie
Semblent prendre un nouvel essor,
Tout concourt à rendre la vie
Plus douce, mais il faut de l'or ;
Pour moi qui n'ai que ma navette,
Je n'en touche du bout du doigt.
Je m'en passe, mais je répète :
Le bon Dieu s'est moqué de moi.

Sans ambition, sans envie,
Pauvre, je me trouvais heureux ;
Mais Dieu m'envoie une ophthalmie
Qui m'a presque détruit les yeux ;
A sa suite, dame Misère
Entre chez nous, quel désarroi !...

C'en est trop, je ne puis me taire,
Le bon Dieu s'est moqué de moi.

Seigneur, quel caprice est le vôtre?
Deviez-vous me traiter si mal?
Quoi! tout d'un côté, rien de l'autre,
Le partage est trop inégal.
A moi le travail et la peine,
A mon voisin un riche emploi;
Je m'épuise, lui se promène,
Le bon Dieu s'est moqué de moi.

Un peu forte est la pénitence,
Et trop longue au moins de moitié;
Une voix me dit: « Patience. »
C'était celle de l'amitié.
Fille du ciel, par toi j'éprouve
Qu'à grand tort je manquais de foi,

Mon petit lot, je le retrouve,

Dieu ne s'est pas moqué de moi.

Septembre 1838.

A MA JALOUSE.

—

C'est un mal étrange
Que celui d'aimer,
Surtout quand un ange
A su nous charmer.

Pourquoi cette plainte
Qui s'adresse à moi?
Pourquoi cette crainte
Quand je suis à toi?

A toi pour la vie,

Mon cœur vient s'offrir.

Mais ta jalousie

Me fera mourir.

Pourquoi donc me faire

Un dernier adieu,

Quand je te préfère

A tout, même à Dieu!

Veux-tu que je pleure

Quant j'ai tant pleuré?

Veux-tu que je meure?

Eh bien, je mourrai.

Je mourrai de peine,

Cela se peut, mais

Moi briser ma chaîne
Le premier, jamais!

Ton doute m'accable,
Il me faudra donc
Aller au coupable
Demander pardon!

Demain, dès l'aurore,
Il me sera doux
De détruire encore
Tes soupçons jaloux.

Oui, ma voix touchante
Doit te désarmer;
Tu verras, méchante,
Si je sais t'aimer.

Si, comme j'espère,

Tout peut s'oublier,

Je dis à ta mère :

Faut nous marier.

L'amour vit d'alarmes,

Croît dans les douleurs,

Il lui faut des larmes

Et de tendres cœurs.

Mais l'hymen, ma chère,

Peut seul nous guérir

Des maux que son frère

Nous a fait souffrir.

Mai 1806.

LE COUSIN A LA COUSINE.

Je suis bien aise, ma cousine,
Que le sort m'ait fait ton cousin ;
S'il pouvait plaire à sa cousine,
Qu'il serait heureux le cousin !
Par malheur pour lui, la cousine
Semble se moquer du cousin ;

C'est bien mal à toi ma cousine

Si tu connaissais ton cousin,

Tu dirais : Non, jamais cousine

Ne peut avoir meilleur cousin !

Voilà, voilà, belle cousine,

Ce qu'on doit dire d'un cousin

Qui promet d'aimer sa cousine

Comme mari, comme cousin.

Eh bien ! qu'en dis-tu, la cousine ?

Tu ne réponds rien au cousin,

Tu ris, tant mieux ! chère cousine,

C'est bon signe pour le cousin.

Mais sans doute que la cousine

Veut voir si l'amour du cousin

Sera constant pour sa cousine,

Je le jure, foi de cousin !

Après ce serment, ma cousine,

Tu dois en croire ton cousin.

Tu soupires, belle cousine,

Donne ta main à ton cousin;

Tu le rendras, crois-moi, cousine,

Le plus fortuné des cousins;

On peut, en s'épousant, cousine,

Ne pas cesser d'être cousins.

1807.

LE NID D'OISEAU.

Venez, petits oiseaux ; bien loin de votre mère
   Vous allez vivre désormais,
Non, vous n'entendrez pas ses cris, sa plainte amère,
   Vous ne la reverrez jamais.

Mère, de tes enfants, c'est moi qui te sépare,
Je pressens tes regrets ; comme tu vas souffrir !
Hélas ! si j'aimais moins, je serais moins barbare.
Peut-être le chagrin te fera-t-il mourir ?

Tu les pousses déjà tes cris dans le feuillage ,

Moi, dans quelques instants, j'aurai quitté ce bois ,

Je ne l'entendrai plus , ton douloureux ramage ,

Seuls , les échos moqueurs répondront à ta voix.

En vain tu me poursuis de charmille en charmille,

En vain…. mais, pauvre oiseau, que vas-tu devenir?

Te priver pour toujours de ta pauvre famille ,

C'est une cruauté ! Dieu pourrait m'en punir.

C'est assez, calme-toi, cesse de te débattre,

De t'avoir fait souffrir le remords me punit ,

Et sur tes cinq petits je veux t'en rendre quatre ,

Que je vais doucement remettre dans leur nid.

Ne plains pas ton enfant, un sort digne d'envie,

Que pourrait envier le plus beau colibri ,

L'attend dans le logis de ma tant douce amie,

Dont il va devenir bientôt l'hôte chéri.

Il est vrai, qu'enfermé dans une étroite cage,

Il ne pourra mêler sa voix à vos concerts,

Ni suspendre son nid sous cet épais feuillage,

Ni mesurer du vol, l'immensité des airs.

Et pourtant, pour voler, Dieu lui donna des ailes,

Un cœur tout comme à toi, pour aimer au printemps,

Des plumes qui déjà me paraissent bien belles,

Qui le garantiraient du froid et des autans.

Il sera prisonnier... affreuse perspective !

Et qui, plus que l'oiseau chérit la liberté ?

Et je l'en priverais !... de quel droit ?... non, qu'il vive

Et meure où Dieu voudra, selon sa volonté.

Reste sous le duvet des ailes de ta mère,
Oh! non, je ne veux plus te ravir le bonheur;
Je n'irai pas t'offrir à celle qui m'est chère,
Elle me gronderait d'être ton ravisseur.

Adieu! vivez en paix, que rien ne vous chagrine,
Cachez-vous, s'il se peut, à tout regard humain;
Je vais parler de vous à ma jeune cousine,
Peut-être viendrons-nous tous deux vous voir demain.

1805.

LÉGENDE.

Notre siècle philosophique
Ne connaît plus de revenants,
Ni de ces faits si surprenants
Causés par un pouvoir magique.
Moi, bon paysan de Tancrou (1),
Je crois à ce qu'ont vu nos pères,
A ce que disent nos grand'mères
Sur le diable et le loup-garou.

Traiter de contes ridicules

Ce que croyaient nos devanciers,

Quand les prêtres ont des formules

Pour exorciser les sorciers!

Il est vrai que l'esprit immonde

A fui depuis quatre-vingt-neuf,

N'ayant peut-être en ce bas monde

Plus rien à nous montrer de neuf.

Qui donc l'exila de la terre ?

Je vais le dire : c'est Voltaire,

Et d'Alembert et Diderot,

Et bien d'autres que je veux taire;

Ils cuisent tous dans la chaudière

Que chauffe le diable Astaroth.

Combien j'aimais dans ma jeunesse

Entendre d'effrayants récits,

Quand nous, garçons, étions assis

Chacun près de notre maîtresse !

Une bonne vieille aux yeux creux,

Au teint jaune, à voix sépulcrale,

Contait de la gent infernale

Les récits les plus merveilleux.

Quelques-uns n'étaient que risibles,

Beaucoup d'autres étaient terribles,

Du diable montrant le pouvoir :

Chacun tremblait dans la veillée,

Et plus d'une fille effrayée

Seule n'osait sortir le soir.

— Petits et grands, faites silence !

J'entends Ursule qui commence...

Mais près du mien, belle Isabeau,

Rapprochez donc votre escabeau

Car déjà je frémis d'avance.

— « Mes chers enfants, j'ai souvenance

Qu'un vieux berger de ce canton,

Appelé le père Simon,

Jetait des sorts et maléfices,

Vous faisait tromper de chemin.

— On ne voyait que précipices,

On marchait jusqu'au lendemain ;

Et puis, quand venait le matin,

On était à la même place,

On avait tourné dans l'espace,

Ébloui par l'esprit malin.

« Ne tremblez pas, c'est peu de chose,

Il jouait de plus méchants tours,

De si méchants, qu'à peine j'ose

Vous les conter. » — « Dites toujours. »

L'effroi dans l'étable circule,

On se rapproche près d'Ursule,

Les rouets cessent de tourner.

Le cou tendu, bouche béante,

Immobile, on est dans l'attente ;

La vieille tousse et va parler.

« Vivait jadis dans ce village

Un bon fermier nommé Lucas ;

Des pauvres il faisait grand cas,

A tous il donnait de l'ouvrage,

Il fraternisait avec eux ,

Même il se mêlait à leurs jeux,

Les dimanches après l'office ,

Buvait, chantait un gai refrain ,

A pied allait vendre son grain ,

Toujours prêt à rendre service.

« Hélas ! autres temps , autres mœurs ,

Les fermiers devenus seigneurs

Prennent des airs de petits maîtres;

Pour eux l'ouvrier est valet;

Leurs grands-pères allaient en guêtres,

Ils roulent en cabriolet.

« Mais revenons à notre histoire.

Lucas, si j'ai bonne mémoire,

Était veuf depuis dix-huit ans.

Ne lui restait de quatre enfants

Que la jeune et douce Clotide

A l'œil noir, au regard timide;

Fraîche comme rose au printemps,

Elle était sage autant que belle,

Dans le village, aux alentours,

On la citait comme un modèle.

Pour sa piété, pour son zèle,

C'était un ange; aussi toujours

Les mères causaient avec elle.

Ainsi s'écoulaient ses beaux jours.

Parmi les garçons du village

On distinguait l'aimable Arthur,

Beau jouvencel à l'œil d'azur,

Riche, et dans la fleur de son âge.

Clotide savait tout charmer ;

Il ne put la voir sans l'aimer,

Aussi l'aima-t-il sans partage.

« Un jour, Arthur dit à Lucas :

— Bon vieillard, donne-moi ta fille,

Je veux être de ta famille.

— Qu'elle y consente, tu l'auras,

Répond le père. — Et toi, Clotide,

Ouvre-moi ton cœur, sans détour,

Pour Arthur as-tu de l'amour ?

Allons, laisse cet air timide,

Tous mes vœux sont pour ton bonheur,

— Mon père, si j'en crois mon cœur,

Voilà celui que je préfère.

— C'en est assez, reprit le père,

Enfants, nous nous verrons demain,

Et nous prendrons jour pourl'hymen. —

« Vivait non loin de la demeure

De Clotide, notre berger ;

Il pouvait la voir à toute heure,

Elle était loin de présager

Qu'elle courrait quelque danger,

Quand il apprendrait la nouvelle

De son hymen avec Arthur,

Mais Simon faisait sentinelle.

Le méchant, quand il en fut sûr,

Eut peine à cacher sa furie ;

La plus affreuse jalousie

Nuit et jour dévorait son cœur

Mais dissimulant sa fureur,

Il n'eut plus qu'une seule envie :

Se venger en ôtant la vie

A qui le privait du bonheur.

Non, tu ne l'auras pas pour femme,

— Non, par les enfers! dit Simon,

A mes ordres j'ai le démon

Qui doit un jour prendre mon âme,

Il a juré de m'obéir,

Qu'il serve ma haine implacable!

A mes yeux Arthur est coupable ;

Clotide l'aime, il doit périr.

« Puis il trace un cercle magique ;

Et, se plaçant au beau milieu,

D'un ton de voix diabolique

Évoque l'ennemi de Dieu.

La terre tremble à ses paroles,

On entend la foudre éclater,

Et l'on dirait que les deux pôles

Sont sur le point de se heurter...

Une odeur de soufre s'exhale,

Parfum qui monte de l'enfer,

Enfin, un bruit que rien n'égale

Annonce au berger..... Lucifer.

« Que me veux-tu? — Sers ma vengeance!

Délivre-moi de mon rival !

— Soit, répond l'esprit infernal,

Compte sur mon obéissance ;

Par un pacte tu m'appartiens,

Tes désirs deviennent les miens.

Le jeune Arthur est à la ville,

Il en revient demain au soir,

Et s'il échappe à mon pouvoir,

Le galant sera bien habile. —

« En effet, dans la ville, Arthur

Avait à faire mainte emplette.

« Clotide attendait son futur,

Mais vainement, et la pauvrette,

D'un si long retard inquiète,

Commençait à craindre un malheur,

Lorsque le cri de la chouette

Jette l'épouvante en son cœur.

Laissons-la prier sa patronne

Qui bien rarement l'abandonne,

Et revenons au voyageur.

« Minuit sonnait quand, du village,

Arthur approchait à grands pas,

Voyant s'amonceler l'orage

Qui s'annonçait avec fracas.

De la Marne il suivait la rive.

Mais quel bruit? c'est celui des flots...

Il croit entrevoir sur les eaux

Une nacelle fugitive ;

Il prête une oreille attentive ,

Dieu ! quel son de voix l'a frappé ?

Oh ! non, il ne s'est pas trompé ,

Une femme est dans la nacelle ,

Il la reconnaît... oui, c'est elle ,

Clotide qui lui tend les bras ;

Clotide , d'un affreux trépas

Dans ce moment est menacée ;

Il veut sauver sa fiancée.

— Non, dit-il, tu ne mourras pas. —

Et puis dans l'onde courroucée

Il s'élance, bravant la mort.

Pauvre Arthur ! ah ! plaignez son sort.

L'amour a triplé son courage,

Il est déjà loin du rivage,

Il croit la barque devant lui,

L'infortuné pense l'atteindre,

Un tendre amant peut-il rien craindre?

Mais son dernier jour avait lui...

Plus rien ne s'offrait à sa vue,

Tout était dans l'obscurité.

Soudain l'éclair ouvre la nue

Et vient lui prêter sa clarté ;

Il revoit la barque perfide,

Et l'onde envahissant ses bords,

Et dedans sa chère Clotide ;

Il s'épuise en nouveaux efforts.

« — C'est ton Arthur, ô mon amie,

C'est lui qui vient te secourir...

Des flots il brave la furie,

Il veut te sauver ou mourir. —

« Le malheureux ! ce n'est qu'une ombre,

Une ombre vaine qu'il poursuit ;

Il lutte encor dans la nuit sombre,

Mais toujours l'image s'enfuit ;

Toujours... car c'est Satan lui-même

Sous les traits de celle qu'il aime,

Qui l'attire dans ce danger.

C'en est fait d'Arthur ! Et l'abîme

S'est refermé sur sa victime...

— Tel était le vœu du berger !

« Le lendemain, sur le rivage

On vit un cadavre étendu.

Bientôt le bruit s'est répandu

Qu'Arthur est mort, et sur la plage

Tout le village est descendu.

Chacun se dit : Dieu ! quel dommage !

Périr à la fleur de son âge,

Et la veille de son hymen !...

Pauvre Arthur ! faut-il que l'orage
L'ait égaré de son chemin !

« Mais une fille désolée
Pâle, tremblante, échevelée,
Fend la presse, tombe à genoux.
Oh ! fuis plutôt, pauvre Clotide,
Fuis loin de ce cadavre humide
Que tu nommes ton cher époux !
— Mon Dieu ! dit-elle, prends ma vie ; —
On veut calmer son désespoir ;
Mais elle tombe évanouie...
On la crut morte jusqu'au soir.
Quand elle revit la lumière
Elle avait perdu sa raison,
Même elle méconnut son père.
Un prêtre avec une oraison
De ses sens lui rendit l'usage ;

Mais rien désormais au village

Ne l'attachait. Plus de beaux jours

Après d'aussi tristes amours.

Dans un couvent la jouvencelle

Voulut aller s'ensevelir ;

Lucas ne put la retenir,

Le monde avait fini pour elle ;

Ses chagrins étaient trop cuisants...

Elle ne vécut que deux ans

Dans la retraite et la prière,

Observant une règle austère.

— Prions pour eux, mes chers enfants. »

— Qu'elle est touchante votre histoire !

Mère Ursule, dit l'auditoire.

— Oh ! le maudit berger Simon !

Sans doute aujourd'hui le démon

Dans l'enfer retourne son âme.

— Il l'a bien mérité, l'infâme !

Dit Jeanne en essuyant ses yeux ;

Comment sut-on que l'amoureux

De Simon devint la victime ?

« — La veille même de sa mort,

Préssé par le poids du remord,

Le méchant avoua son crime.

'Mais trop tard il s'en repentit,

Et le lendemain, vers minuit,

Dans sa cabane on entendit

Des hurlements... un bruit étrange.

— Grand Dieu !

         — C'était le mauvais ange

A qui Simon s'était donné,

Qui l'étranglait comme un damné.

Le corps du berger fut traîné

Dans un champ, loin du cimetière,

Sans prêtre... pas une prière,

Point d'eau bénite, d'encensoir...

— Mais il est tard, enfants, bonsoir;

Que des sorciers Dieu vous préserve!

Et que chacun de vous observe

Ses beaux et saints commandements

Pour éviter ses châtiments. »

1810.

SOUVENIRS D'AMOUR.

—

Muse d'amour, Muse de mon jeune âge,
Te dis adieu peut-être pour toujours ;
Rien ne m'était plus doux que ton servage.
Oh ! c'est à toi que dois mes plus beaux jours.

Puis-je oublier le soir et la veillée
Où je lisais contes à faire peur ;
S'ébahissait ma mie émerveillée,
Si que bien fort sentait battre son cœur.

Furtivement sa main serrait la mienne.

C'était me dire : ami, suis en émoi.

Lui répondais, serrant aussi la sienne ,

Mon Élisa! le suis autant que toi.

Et disais vrai; jusqu'au fond de mon âme

Sa douce main m'avait fait tressaillir.

Tant je l'aimais, tant vive était ma flamme,

Que malgré moi me sentais défaillir.

Je finissais l'effroyable légende,

Fallait partir et se dire bonsoir,

Pas on n'osait, tant la peur était grande

De rencontrer le grand fantôme noir.

Bien loin était la paisible demeure

Où d'Élisa reposaient les parents , -

Le vent soufflait; justement c'était l'heure
Où des Follets on voit les feux errants.

Oh! que ne suis-je auprès de ma chaumière!
Baissant les yeux, disait-elle tout bas;
Me faut passer si près du cimetière!...
La comprenais et lui donnais le bras.

Comme en marchant elle serrait son guide,
Quand nous rasions le vieux mur du saint lieu!
La rassurais, mais d'une voix timide
Qui me charmait, elle disait : Mon Dieu!

Son pied dans l'ombre ayant heurté la pierre
Quand nous marchions sur le bord du sentier,
Soudain s'enfuit pauvre oiseau solitaire
Qui s'abritait dessous le coudrier;

En s'envolant il toucha de son aile
Le front brûlant de ma chère Élisa :
« Qui me poursuit? le fantôme ! dit-elle.
— Non, un oiseau qui s'éveille et s'en va.

— C'en était fait, me disait la bergère,
Ami, sans toi serais morte en chemin ;
Mais du foyer j'aperçois la lumière,
Mon Charle, adieu, nous nous verrons demain.

— Quoi ! me quitter, dis-moi, ma douce amie,
Sans me donner seulement un baiser?
— Ah ! de bon cœur, tiens, c'était mon envie,
Ainsi tu vois, puis-je le refuser?

Baiser d'amour, baiser de l'innocence,
C'était le seul qu'elle eût encor donné,

Attendais peu si douce récompense,

A ses genoux je tombai prosterné.

Muse d'amour, Muse de mon jeune âge,

Te dis adieu, peut-être pour toujours,

Rien ne m'était plus doux que ton servage,

Oui, c'est à toi que dois mes plus beaux jours.

Janvier 1833.

SOUVENIRS D'ENFANCE.

—

Comme le cœur me bat quand j'approche du lieu
Où cent fois, par un temps superbe,
Quand j'étais tout petit, je me roulais sur l'herbe !
Maman venait me joindre et disait : Prions Dieu.

J'avais quatre ans alors, je commençais à vivre.
Un papillon passait, après lui de courir :

Et si je l'attrapais, de plaisir j'étais ivre,

Je pleurais, dans ma main s'il venait à mourir.

C'est le temps du bonheur que celui de l'enfance,

Une pomme, un baiser, avec le chien bondir,

Tomber vingt fois par jour, mettre une mère en transe,

Rire quand une bosse au front vient s'arrondir;

Affronter les frimas, toujours les pieds humides,

Dans un fossé fangeux laisser ses deux sabots,

Braver mille dangers, toux et fièvres putrides;

Pour dénicher un nid mettre tout en lambeaux;

Je ne l'oublîrai pas, la chaumière enfumée,

Où pour me reposer je revenais le soir,

Où las, sur les genoux d'une mère alarmée,

Je m'endormais content en lui disant bonsoir.

Mais bien jeune au tombeau ma mère est descendue,

Et son dernier adieu n'ai pu le recevoir !

Il ne me reste rien, ma chaumière est vendue,

Et sur son seuil de bois je n'irai plus m'asseoir.

LES REGRETS.

Moi, je regrette mon village
Comme l'oiselet mis en cage
Doit regretter le vert feuillage
Où son nid était suspendu;
Sa bonne mère il se rappelle,
Il était si bien auprès d'elle,
Quand il s'abritait sous son aile,
Plus de mère, il a tout perdu!

Et pourtant sa jeune maîtresse
De sa blanche main le caresse;

S'il a froid, même, elle s'empresse

De le réchauffer dans son sein ;

Elle apprête sa nourriture ;

Mais qui lui rendra la pâture

Que lui prodiguait la nature

Dans son nid , quand il avait faim ?

Il vivra, mais son existence

Sera celle de la souffrance ,

Au printemps , l'amour , l'espérance ,

Ne feront pas battre son cœur ;

Et seul captif de son espèce ,

Il languira dans la tristesse ,

Tandis qu'au bois , plein d'allégresse ,

Il aurait vécu de bonheur.

Il est bien vrai que dans sa cage

Il est à l'abri de l'orage ,

Qu'il peut même braver la rage

De l'épervier au bec tranchant ;

Ces biens que son instinct repousse

Ne valent pas un nid de mousse,

Une compagne à la voix douce

Qu'il enivrerait de son chant.

Ainsi, l'oiseau fuit l'esclavage,

Mais l'homme se montre moins sage ;

D'un fantôme il poursuit l'image,

Esclave de ses passions ;

Il croit le bonheur à la ville,

Volontairement il s'exile

Et quitte son champêtre asile,

Séduit par des illusions.

Puis vient le temps où la sagesse

Éclaire sa triste vieillesse,

Il se reporte à sa jeunesse,

Il se rappelle ses beaux jours;

De son ruisseau rêvant la rive

Où sa tendre mère attentive

Lui disait d'une voix craintive :

Il peut t'entraîner dans son cours.

Il mourra loin de sa chaumière,

De l'église et du cimetière,

Il ne fera plus sa prière

Où ce qu'il aime est enfermé ;

Son corps qu'à la terre il doit rendre,

Quand dans la tombe il va descendre,

Ne pourra pas toucher la cendre

De ceux qui l'avaient tant aimé !

A UNE ABEILLE

QUI M'ÉTAIT VENU VISITER.

Gentille abeille qui bourdonne,

A ma fenêtre monotone,

Où jamais le soleil ne luit,

Vois-tu, dans sa retraite creuse,

L'araignée à forme hideuse,

De ton aile écoutant le bruit?

Fuis loin de l'insecte perfide :

Le féroce instinct qui le guide

Serait de te mettre en lambeaux.

Viens sur ma main, que je te porte ;

Viens donc, je t'ouvrirai la porte,

N'approche plus de mes carreaux.

Vole rejoindre tes compagnes,

Dans nos jardins, dans nos campagnes,

L'air est pur et doux ce matin,

Tant de fleurs t'offrent leurs prémices,

Va te suspendre à leurs calices,

Enrichis-toi de leur butin.

Sauve-toi, ma petite amie,

Pars, si tu n'es pas endormie,

Va, profite de la saison ;

Demain il se peut que l'orage

T'empêche d'aller à l'ouvrage

Et te retienne à la maison.

C'est bien, tu comprends mes paroles,

Dans les airs maintenant tu voles,

Et tu me dois la clé des champs;

Oh! combien je voudrais te suivre!

Ici le sort me force à vivre,

Loin de mes goûts, de mes penchants.

A M. B***.

QUI VOULAIT ME TROUVER UNE PLACE.

—

Voyez ce pauvre oiseau voltiger sur la neige,
Un appât décevant le livre à l'écolier ;
Tu voudrais t'échapper, dit-il, je te protége,
Viens, je serai ton hôte, et non pas ton geôlier.

Tu trouveras du grain, chez nous, en abondance,
Au lieu du froid cuisant, une douce chaleur ;
Heureux tu chanteras ta nouvelle existence,
C'est vraiment d'aujourd'hui que date ton bonheur.

On arrive, et l'oiseau bien vite est mis en cage;

C'est là qu'il doit trouver le terme de ses maux; ·

Mais il était trop vieux pour subir l'esclavage,

Il s'épuise en efforts pour forcer ses barreaux.

En vain pour le calmer, petit-fils on l'appelle,

Le prisonnier n'en est que plus épouvanté,

L'enfant pleure en voyant qu'il a brisé son aile:

« Que lui manque-t-il donc? — Hélas! la liberté. »

Ainsi qu'à cet oiseau la liberté m'est chère;

Dieu m'en a fait présent, je ne puis m'en priver,

C'est par elle surtout, que je tiens à la terre,

Jusqu'à mon dernier jour je veux la conserver.

Car mon mentor à moi, c'est la philosophie.

Mes désirs sont bornés, ainsi que mes besoins;

Quand il nous faut si peu pour user cette vie,

L'homme heureux est celui qui désire le moins.

Je vous dirai pourtant quel bien j'ambitionne

Et ce qu'il me faudrait pour combler tous mes vœux.

Je ne le dis qu'à vous, n'en parlez à personne, .

Écoutez à quel prix je pourrais être heureux.

Voici mon rêve d'or et ce que je souhaite,

Ce qu'en ma pauvreté je demande au destin :

Pour y finir mes jours, une humble maisonnette,

Tout auprès un petit jardin.

Lamartine, Byron, Châteaubriand, Voltaire,

Rendraient délicieux mon fortuné séjour,

Et pour en écarter à jamais la misère,

Une rente d'un franc par jour.

Alors, j'aurais du temps pour remplir l'hémistiche,

Ma lyre exhalerait de plus suaves sons,

Mon vers serait coulant; ma rime serait riche,

Et l'on applaudirait peut-être à mes chansons.

A M. BOUSSART,

QUI M'ENGAGEAIT A ADRESSER DES VERS

A M. BÉRANGER.

—

Que voulez-vous du pauvre solitaire?
J'adresserais des vers à Béranger!
En l'admirant je sens qu'il faut me taire,
Frapper si haut... je n'y dois pas songer.

Auprès de lui je ne suis qu'un atome,

Son cœur est bon, je le sais, mais hélas !

Moi si petit, déranger un grand homme !

   Je n'ose pas, je n'ose pas.

Dans sa retraite aller troubler un sage,

Il s'en plaindrait, est-ce à moi de l'oser?

Trop d'importuns jusqu'en son ermitage,

Ami, sans moi, vont le tyranniser.

Un mot de lui ce serait ma fortune,

Mais de répondre il est peut-être las ;

A tant de voix j'en joindrais encore une !

   Je n'ose pas, je n'ose pas.

J'ai ses refrains que je chante à toute heure,

J'ai son portrait, j'espère plus encor,

Bientôt son buste ornera ma demeure,

C'est d'un ami que j'attends ce trésor,

Mon cœur me dit : apprête une couronne

Sur son front pur tu la déposeras.

Je le ferai... mais plus... qu'on me pardonne,

Je n'ose pas, je n'ose pas.

Lisy, le 28 octobre 1839.

A BÉRANGER.

———

Cher maître, je ne pensais guère
Qu'un grand poëte, et le plus grand,
Un jour traiterait de confrère
Qui?... moi, le pauvre tisserand.

D'abord je ne pouvais comprendre
Ce secret facile à trouver:
C'est que vous ne pouvez descendre,
Quand vous pouvez tout élever.

Pour mieux conserver votre lettre
Qui rend heureux son possesseur,
A sa place j'ai dû la mettre,
Et cette place est sur mon cœur.

Sans cesser d'être catholique,
Pour m'inspirer de plus en plus,
Je veux en faire une relique,
Qu'on me pardonne cet abus.

Pour illustrer mon petit livre,
Oh! qu'elle vienne à mon secours!
Permettez donc que je la livre
A la presse à qui j'ai recours.

Pour moi, quel immense avantage
Si vous cédez à mon désir!

Chacun voudra lire un ouvrage

Que vous lisez avec plaisir.

Heureux enfin, je pourrai dire :

J'ai du pain, je puis me loger ,

Et cent fois chanter sur ma lyre :

Mon bienfaiteur c'est Béranger.

VERS

ÉCRITS SUR L'ALBUM DE Mlle EUDOXIE DUPIN,

le 1er janvier 1840.

—

De talents, d'un bon cœur, des grâces du bel âge,

La nature a su vous doter.

Quand on a, comme vous, tous ces dons en partage,

On ne doit rien désirer davantage,

Que pourrais-je vous souhaiter?

Le bonheur!... vous l'aurez, il sera sans mélange,

Sans nos vœux, de ce soin Dieu saura se charger.

Il voulut ici-bas nous envoyer un ange,

Ne doit-il pas le protéger?

A M. MORAT D'ANGERS.

Mais vous réndez son sort digne d'envie,
Mon cher Morat! s'il eût été mourant,
Vos jolis vers auraient rendu la vie
    Au pauvre tisserand.

Sa joie, ami, croyez-le, fut bien grande,
Quand il reçut votre aimable présent,
Pas n'attendait une si riche offrande,
    Le pauvre tisserand.

Si són recueil, qui va bientôt paraître,
Pouvait vous faire un plaisir aussi grand !...
Pas n'oublira de l'offrir à son maître ,
Le pauvre tisserand.

Avec bonté l'accueillerez sans doute ,
Comme un ami vous serez indulgent :
Lui-même, hélas! il a tracé sa route ,
Le pauvre tisserand.

Vous offre encore, en attendant l'ouvrage,
Tous les souhaits d'un cœur reconnaissant.
Que ne peut-il vous offrir davantage ,
Le pauvre tisserand !

STANCES

SUR LA MORT DE Mme LA COMTESSE D'HARVILLE,

DÉCÉDÉE A LIZY, A L'AGE DE 86 ANS.

Nos pleurs, hélas! couleront bien longtemps,

Notre douleur est bien amère,

O bonne mère!

Vis dans le cœur de tes enfants.

Tout est fini, la tombe s'est ouverte,

Nos vœux, nos cris n'ont pu la ranimer;

Avec effroi nous voyons notre perte,

Son cœur battait, c'était pour nous aimer ;

Il ne bat plus !.... et la terre est déserte.

Nos pleurs, hélas ! couleront bien longtemps,

Notre douleur est bien amère,

O bonne mère !

Vis dans le cœur de tes enfants.

Jamais, jamais, elle ne fit attendre

L'infortuné tourmenté par la faim ;

Elle trouvait du plaisir à l'entendre,

Le consolait et lui serrait la main,

Il s'en souvient, il pleure sur sa cendre.

Nos pleurs, hélas ! couleront bien longtemps,

Notre douleur est bien amère,

O bonne mère !

Vis dans le cœur de tes enfants.

Mais nous avons sa dépouille mortelle,

Restes chéris, débris d'un beau trésor,

Et sa belle âme ! oh ! cette âme éternelle,

Au haut des cieux nous la verrons encor,

En contemplant l'étoile la plus belle.

Nos pleurs, hélas ! couleront bien longtemps,

Notre douleur est bien amère,

O bonne mère !

Vis dans le cœur de tes enfants.

Mais non, ces vers que ta perte m'inspire,

Ne disent pas tout ce que mon cœur sent ;

Triste et glacé, les regrets qu'il soupire

Sont le tribut du modeste artisan

Qu'encouragea parfois ton doux sourire.

Nos pleurs, hélas ! couleront bien longtemps,

Notre douleur est bien amère

O bonne mère !

Vis dans le cœur de tes enfants.

A MLLE MARIE D***.

—

Quand viendra jeune châtelaine
Embellir son joli manoir?
Le printemps de sa douce haleine
L'embaumerait si bien le soir!
Si bien les fleurs de la prairie
Se joueraient dans ses beaux cheveux!
Si bien nous fêterions Marie!
Ah! que n'est-elle dans ces lieux!

8

Rossignol à la voix si belle,

Tu reviens déjà parmi nous,

Mais, las! tu reviens avant elle,

Et tes chants nous semblent moins doux.

Ton amoureuse mélodie,

Charmant oisel, à quoi nous sert?

Tant qu'ici ne sera Marie,

Tu chanteras dans le désert.

RÉPONSE

A L'AUTEUR DES VERS TROUVÉS SUR MA CHEMINÉE[1].

—

Que vois-je sur ma cheminée?

Dieux! mes yeux sont-ils bien ouverts?

Un papier où ma destinée

Se dévoile et grandit, ô prophétiques vers!

Je m'appelle Magus, je suis grand, je suis sage,

Je suis un être surhumain,

[1] Voir les notes.

A mes rares vertus chacun doit rendre hommage,

Une S me manquait; je la prends, je suis Mage,

Comme l'écrit une invisible main.

A genoux, peuples de la terre !

Vite, dressez-moi des autels,

De mes pieds baisez la poussière,

Je suis le plus grand des mortels.

Et ne me jugez pas par cette sale étoffe

Qui compose mes vêtements,

Je suis magicien, savant et philosophe,

Et je commande aux éléments.

A genoux, peuples de la terre !

Vite, dressez-moi des autels,

De mes pieds baisez la poussière,

Je suis le plus grand des mortels.

Tout l'enfer est soumis à ma voix formidable ;
Je puis, quand il me plaît, évoquer les démons,
Et des lieux les plus bas, faire monter le diable
Sur la cime des monts.

Je vis pauvre et content, je n'ai point d'avarice ;
Si je voulais pourtant, j'aurais un grand trésor :
Flamel auprès de moi ne serait qu'un novice,
Pour fabriquer de l'or.

A genoux, peuples de la terre !
Vite, dressez-moi des autels,
De mes pieds baisez la poussière,
Je suis le plus grand des mortels.

J'escalade les cieux sans ballon et sans ailes,
Sans machine à vapeur, sans aucun appareil,

Et, comme en vous couchant vous soufflez vos chandell
  Je puis éteindre le soleil.

  Si je pouvais encore ajouter à ma gloire,
Mes beaux vers suffiraient pour illustrer mon nom,
Mais qu'en ai-je besoin? je vivrai dans l'histoire,
  Plus que Napoléon.

  A genoux, peuples de la terre!
Vite, dressez-moi des autels,
De mes pieds baisez la poussière,
Je suis le plus grand des mortels.

ENVOI.

  A vos aimables vers j'étais loin de m'attendre,
Je les relis souvent, car ils sont si flatteurs!

Le piége est bien caché, vous avez su le tendre
    Sous un monceau de fleurs.

  Sage?.. n'en croyez rien; je suis bien loin de l'être,
    Moi, le jouet des passions;
Je me trompe souvent : même aujourd'hui, peut-être,
    Je me repais d'illusions.

    Oui, la grâce à l'esprit unie
  De vos stances fait la beauté,
  Vous y brillez par le génie,
  Mais non pas par la vérité.

A SON ALTESSE ROYALE

MGR LE COMTE DE PARIS.

—

Petit ange, je te salue;
Digne rejeton d'un bon roi,
Que Dieu bénisse ta venue,
Et qu'il veille toujours sur toi!

Qu'il t'accorde bonté, sagesse,
Ce sont là ses plus beaux présents!

Et qu'il préserve ta jeunesse
Des mensonges des courtisans!

Comme le soleil qui t'éclaire,
A tous prodigue tes bienfaits;
Comme ton aïeul et ton père,
Sois pour nous d'un facile accès.

— Oui, tu prendras notre défense,
Petit-fils d'un roi citoyen,
Te rappelant qu'en ton enfance
Tu suças du lait plébéien.

Savoure, cher enfant, ce lait avec délice,
Si sa source est obscure, est-il moins bienfaisant?
Le peuple est honoré du choix de ta nourrice,
Comme ma femme, elle est femme d'un tisserand.

Moi, pauvre villageois au rustique langage,
Je consulte mon cœur, il dicte mes écrits,
C'est lui qui veut t'offrir son simple et pur hommage,
Ne le dédaigne pas, chaque chose a son prix.

Peut-être les accords de mon humble musette
N'iront pas jusqu'à toi, resteront sans succès ;
Mais j'ai fait mon devoir et j'ai payé ma dette,
Prince, je dois t'aimer, ne suis-je pas Français ?

Près de mon petit-fils, qui vient aussi de naître,
J'ai composé ces vers en formant le désir,
Qu'il puisse un jour te voir, t'aimer et te connaître,
Sous le même drapeau te défendre et mourir !

Lizy, septembre 1838.

A Mme LA MARQUISE D'EYRAGUES,

SUR LA NAISSANCE DE SA FILLE.

Que votre patronne

Toujours l'environne

Pour la protéger

Contre tout danger!

Qu'un bon ange plane

Sur votre Suzanne!

9

Et, dans le chemin,

Lui donne la main.

Qu'il veille auprès d'elle,

Chassant de son aile

Tout songe effrayant,

Pour qu'un plus riant,

Au moins s'il l'abuse,

Doucement l'amuse

Pendant son sommeil,

Jusqu'à son réveil.

Car, bonne Marie,

Souvent dans la vie,

Un rêve trompeur

D'un peu de bonheur,

En passant nous berce,

Si peu qu'il en verse,

Il faut le saisir,

— Pouvons-nous choisir?

Septembre 1839.

CONSEILS.

—

Eh bien ! mon vieux, me disait l'autre jour

Certain richard, après un froid bonjour,

Que faisons-nous? toujours des vers sans doute,

Et des jolis, cela rien ne te coûte;

Mais cependant, on peut te reprocher

D'être un peu triste, et pourquoi te fâcher?

Dans ton caveau tu dois te plaire à l'ombre,

Et cependant tu le trouves trop sombre;

Si l'on t'en croit, tu vis en prisonnier ;

Chacun doit faire ici-bas son métier,

Soit bien ou mal.... enfin que nous importe !

Le ciel te fit pour vivre de la sorte,

Homère, Dante, et Corneille, et Gilbert,

Ont bien écrit, parce qu'ils ont souffert.

La pauvreté ne nuit pas au génie.

S'ils ont jeûné quelquefois dans leur vie,

A leur esprit cela faisait du bien,

Qui mange trop ne pense et n'écrit rien.

— Pourtant, Monsieur. — Allons, laisse-moi dire,

Tu peux pleurer, mais nous, nous voulons rire,

Dans nos repas nous aimons la gaîté,

Cela, dit-on, entretient la santé ;

Fais-nous des vers qui réjouissent l'âme...

— Pourtant, Monsieur, moi, mes enfants, ma femn

Ainsi que vous, avons bon appétit...

— Rappelle-toi ce que j'ai déjà dit :

Il ne faut pas que le poëte mange,

S'il veut avoir de l'esprit comme un ange.

Mon cher, le jeûne épure le cerveau ;

Manger du pain, ne boire que de l'eau,

Cela suffit aux gens de ton espèce ;

Vous chantez bien, mais c'est dans la détresse,

Vous chantez bien, quand vous êtes à jeun,

Mais ventre plein n'a pas le sens commun.

Vous enrichir ! vous ! ce serait folie,

L'or, c'est connu, nuit à la poésie ;

Comme l'a dit, un jour, un député,

Il eut raison, il doit être écouté.

Certains oiseaux parlent fort bien en cage,

Mais s'ils pouvaient regagner leur bocage,

Ils se tairaient ; si vous aviez de l'or,

Vous faites peu, vous feriez moins encor.

Contentez-vous d'un peu de renommée,

De notre encens. — Mais vit-on de fumée ?...

— Eh bien, mourez, que nous importe à nous ?

Mourez, Messieurs, on parlera de vous,

De nos neveux vous serez les idoles,

Ils rediront vos touchantes paroles ;

On peut un jour t'élever un tombeau,

Comprends-tu bien comme ce serait beau ?

Des étrangers viendraient voir ta chaumière,

De là, tout droit iraient au cimetière,

Feraient trois fois le tour du monument,

Et se diraient : « Voyez, mais c'est charmant !

« Trouvez-vous pas son sort digne d'envie ?

« Car s'il manqua de pain pendant sa vie,

« Après sa mort on l'a récompensé,

« Il est ici, ma foi, très-bien placé,

« A ses talents on a rendu justice.

« Il éleva sa voix contre le vice,

« De la nature il fut l'admirateur,

« Il aimait Dieu, le priait de bon cœur,

« Il fit souvent des vers à sa louange ;

« Il dédaigna l'or qui croît dans la fange,

« Il désira bien peu, n'eut jamais rien ;

« Pour l'enrichir il s'offrit un moyen,

« Il s'agissait d'un peu de complaisance,

« L'honneur lui dit : garde ton indigence,

« N'écris jamais contre Dieu ni ton roi,

« Laisse clamer les méchants contre toi ;

« Sois humble, ami, non jusqu'à la bassesse,

‹ Sois patient, même dans la détresse,

« Tu souffriras, mais la postérité

« Ne dira pas : « C'est l'or qui l'a tenté.

« Il s'éleva, mais c'était pour descendre ;

« Le malheureux ! sa plume était à vendre ;

« Il la vendit sur le bord du tombeau,

« Il insulta la gloire et son drapeau. »

« Elle dira : « L'honneur fut son partage,

« Jusqu'à la fin il montra du courage,

« Il est mort pauvre ainsi qu'il a vécu. »

Comprends-tu bien tout cela, cher Magu?

— Oui, c'est très-beau, mais je ne puis vous croire,

Je ne dois pas prétendre à tant de gloire,

Non, non, Monsieur, je n'ai pas cet espoir;

Ce que j'ai fait, mais c'était mon devoir!

J'ai refusé ce que l'honneur refuse,

Et je n'ai pas prostitué ma muse;

Mais pour cela, Monsieur, il n'est pas dit

Qu'on doit compter pour rien son appétit.

En désirant toujours le satisfaire,

Je n'ai voulu que le strict nécessaire,

L'ambition ne me guida jamais;

Il faut bien peu pour me contenter, mais

De l'air du temps pensez-vous qu'on peut vivre?

Votre conseil, je ne veux pas le suivre,

Car si la faim aiguillonne l'esprit,

J'ai su parfois comme elle l'appauvrit.

Ne venez pas me vanter la famine.

Victor Hugo, Turquety, Lamartine,

Chateaubriand, Réboul et Béranger

Ont bien écrit, mais non pas sans manger ;

Oui, d'eux à moi je connais la distance,

Mais pas plus qu'eux je n'aime l'abstinence :

Si j'ai rêvé du pain pour mes vieux jours,

Il m'est permis d'en désirer toujours,

Cela, je crois, ne peut nuire à personne.

Je veux rêver. — Rêve, on te le pardonne ;

Rêve, mon cher, maisonnette et jardin,

Un franc par jour pour faire le mondain,

A toi permis ; rêve bien plus encore,

Le tout fuira bien vite avec l'aurore,

Et tes goussets comme vastes déserts...

Sur tout cela tu nous feras des vers.

Il en aurait, je crois, dit davantage ;

Mais tout à coup il survint un orage,

Sentant la pluie, il me serra la main

Et se sauva dans un café voisin.

Moi, tout surpris, je regagnai mon gîte,

Je pris ma plume et j'écrivis bien vite

En simples vers ce drôle d'entretien.

Je ne sais pas si j'ai fait mal ou bien.

A M. MAILLET.

—

J'aime les vers que l'amitié m'adresse,
J'aime surtout les vôtres que je tiens;
J'invoque en vain tous les dieux de la Grèce,
Je les crois sourds en relisant les miens.

Cela m'afflige et ne me surprend guère,
J'essaie en vain, mes doigts sont engourdis;
C'est que l'hiver m'a fait cruelle guerre
Pendant six mois, dans mon obscur taudis.

10

Je suis sans voix pour chanter la nature,
Bien haut pourtant elle parle à mon cœur;
C'est notre mère, et c'est lui faire injure
Que de ne point célébrer sa splendeur!

Petits oiseaux, quand vous voyez paraître
Ce beau soleil que vous trouvez si doux,
Vous le chantez, vous vous sentez renaître,
Mais l'homme ingrat ne fait pas comme vous.

Qui peut nier sa bénigne influence,
Elle est pour tous, le pauvre en peut jouir;
Ne sent-on pas, par sa toute-puissance,
Comme une fleur l'âme s'épanouir?

LE RÊVE
DU POËTE-TISSERAND.

—

Je rêvais cette nuit dernière
(Les poëtes rêvent toujours),
Que, possesseur d'une chaumière,
Je pouvais y finir mes jours,
Quoiqu'elle ne fût pas bien grande,
Y tenait tout mon mobilier ;

C'est tout autant que j'en demande,
Mais n'allez pas me réveiller.

Auprès était une fontaine
Qu'ombrageaient des saules bien verts ;
Comme l'eau de cette Hippocrène,
Bientôt vous coulerez mes vers,
Et déjà je choisis la place
Où mon luth viendra s'essayer ;
De la France je suis l'Horace,
Mais n'allez pas me réveiller.

Au jardin, — cela va sans dire,
Point de chaumière sans jardin, —
J'entre ; quel parfum j'y respire !
Partout la rose et le jasmin.
Pas de jets d'eau ni de statues ;
La nuit, ça pourrait m'effrayer :

J'y vois des oignons, des laitues,
Mais n'allez pas me réveiller.

J'étais là comme dans un Louvre,
Bien content, quoique sans un sou,
Quand tout à coup la porte s'ouvre,
Puis un homme me saute au cou;
Tout en riant il me présente
Un petit chiffon de papier,
J'y lis : quatre cents francs de rente,
Oh ! n'allez pas me réveiller.

Puis une touchante missive
Venait confirmer mon bonheur...
Dans ce moment, ma femme arrive :
« Viens m'embrasser, je suis seigneur.
Grâce à Dieu, ma fortune est faite. »
Elle aussitôt de s'écrier :

« Mon pauvre homme a perdu la tête. »

Et je finis par m'éveiller.

A Mme FÉRAY,

BELLE-MÈRE DE M. DE SALVANDY.

Je voyais mon vaisseau battu par la tempête,
Le naufrage imminent, la foudre sur ma tête,
Et ne pouvant braver les vagues en courroux,
Je maudissais déjà... doit-on jamais maudire!
Mon bon ange était là pour sauver mon navire,
Et mon bon ange... c'était vous!

A cette voix inattendue,

Combien je me sentis joyeux !

En voyant sortir de la nue

Cette main qui m'était tendue,

A peine j'en croyais mes yeux.

Qui donc me présentait une main secourable ?

Qui voulait mon bonheur, et le voulait durable ?

Oh ! quand on me l'eut dit je n'en fus plus surpris,

Une femme au cœur bon, à l'âme grande et belle,

La fille d'Oberkampf, dont la gloire immortelle

Fait tant d'honneur à son pays.

. . . .

De la bonne Marie écoutant la prière,

Qui demandait pour moi du pain, une chaumière,

Vous fîtes à ma muse un généreux accueil ;

Vous parlez, et bientôt j'ai deux cents francs de rente.

C'était trop peu pour vous, ô femme bienfaisante !

Vous-même vendez mon recueil.

Croyez que le cœur du poëte

Se souviendra jusqu'au tombeau,

Qu'il vous doit et sa maisonnette,

Et le repos dans sa retraite,

Deux amis : Racine et Boileau.

Aussi je veux toujours vous nommer mon bon ange,

Ce nom-là, j'en suis sûr, ne vous est pas étrange !

C'est un nom qui revient si doux au souvenir !

L'autre que vous portez, à tout moment m'échappe,

Mais celui qui vous peint est celui qui me frappe,

Le seul que je veux retenir.

A Mlle RACHEL,

EN LUI ENVOYANT MON RECUEIL DE POÉSIES.

Il faut de la témérité

Pour vous offrir si peu de chose;

Mais je connais votre bonté,

Rachel, voilà pourquoi je l'ose.

Je ne suis qu'un pauvre ouvrier;

Un tisserand, rien davantage;

Mais qui sait vous apprécier.

Ne dédaignez pas mon ouvrage.

Hélas ! j'ai bien peu de talent,

Je ne le dois qu'à la nature ;

Pour vous elle en a fait autant,

Mais elle a comblé la mesure.

Vous faites courir tout Paris,

Enfant chéri de Melpomène ;

Et moi je vis dans mon taudis

Avec les rats et les souris

Qui me visitent par douzaine.

Et ce domaine est un réduit

Long et large de quelques mètres,

J'y fais ma toile jour et nuit,

Et j'y cultive aussi les lettres.

La poésie, aimable enfant,

Charme mes travaux un peu rudes,

Heureux si mes vers, un instant,

Vous délassent de vos études !

A UN AMI.

—

Celui qui vous a dit : *A quoi sert un poëte ?*
Sans doute plaisantait en vous parlant ainsi,
Il voulait provóquer votre lyre muette ;
Convenez, cher ami, qu'il a bien réussi.

L'ignorant, l'orgueilleux nous tiennent ce langage,
De l'artisan obscur ils dédaignent les chants ;

Je veux aller loin d'eux, chercher dans mon village,
Le calme et le bonheur que nous donnent les champs.

Ne faut-il pas, parfois, que notre cœur s'épanche
Dans le sein d'un ami? Ceux que je vais quitter,
Je reviendrai les voir au moins chaque dimanche;
Eux aussi, quelquefois, viendront me visiter.

Je suivrai vos conseils, et dans ma solitude,
Tranquille je pourrai mettre mon luth d'accord.
Je ne puis de longtemps perdre cette habitude,
Si je suis déjà vieux, mon cœur est jeune encor.

Là du moins je pourrai, sans exciter l'envie,
D'une tourbe ignorante évitant le dédain,
Écrire et méditer le reste de ma vie,
L'hiver près du foyer, l'été dans mon jardin

Là je retrouverai des fleurs et de l'ombrage,

Et l'arbre où tant de fois, jeune, je suis monté ;

Là je retrouverai ce que cherche le sage ,

    La paix avec la liberté.

Je pourrai prier Dieu jusqu'en son sanctuaire,

Sans m'y voir poursuivi par un rire moqueur ;

Même m'agenouiller sur la tombe d'un père

Et prier pour celui qui sut former mon cœur.

Et, comme l'exilé qui revoit sa patrie,

L'aspect de mon clocher pourra me rajeunir ,

Si l'amitié me rend ma chaumière chérie.

Où commença la vie, il est doux de finir.

Oui, vers le sol natal un charme nous attire ,

On y voit le soleil plus radieux, plus pur ;

L'air a plus de parfum, à l'aise on y respire;
L'hiver est sans rigueur, le ciel toujours d'azur.

Dans un vaste horizon, panorama sublime,
Je pourrai chaque jour promener mon regard;
Je me rendrai sans peine à cette voix intime
Qui nous dit : La nature est plus belle que l'art.

Mon sang plus doucement coulerait dans mes veines
Si je pouvais m'asseoir sur le banc de gazon,
Où ma mère autrefois se donnait tant de peine
A me faire rester, pour me parler raison.

Charmante illusion qui sans doute m'abuse,
Que pourtant j'aime à croire une réalité !
Ami, j'ai grand besoin que l'amitié m'excuse,
Toujours le prisonnier rêve sa liberté.

C'est pour la recouvrer qu'aujourd'hui l'on m'engage

A publier les vers que j'ai pu recueillir;

J'espère, du produit de ce petit ouvrage,

Racheter la chaumière où je voudrais vieillir.

Je devrai ce bonheur au dévouement sincère

De ceux qui sont venus me prêter leur appui;

On dit que l'amitié n'habite plus la terre,

Il m'est doux d'éprouver le contraire aujourd'hui.

Lizy, 24 octobre 1838.

A HIPPOLYTE TAMPUCCI,

DE CHALONS.

—

Cher Tampucci,

Je suis ici

En grand souci;

On me tourmente,

M'impatiente;

Vous allez voir :

L'un veut avoir,

Pour une fête

Qu'amour apprête,

Quelques couplets,

Et tout exprès

Faits pour sa belle,

Ou qu'il croit telle.

L'autre m'écrit :

Je suis conscrit,

Mais pour la forme ;

On me réforme.

En pareil cas,

Dans un repas,

Refrain de guerre

Est nécessaire

Entre soldats.

L'autre m'engage

A célébrer

Son mariage,

Pour démontrer

Que sa future

Peut être sûre

Qu'elle a son cœur.

C'est un menteur

Qui m'importune :

Il prend sa brune

Pour ses écus,

Et rien de plus.

L'autre, sa femme

A rendu l'âme ;

Qu'il est content !

Il dit pourtant

Qu'il est à plaindre,

Et pour mieux feindre

Un grand émoi,

S'adresse à moi,

Pour que ma lyre

Bien haut soupire

Ses tendres pleurs

Et ses douleurs ;

Mais c'est pour rire.

Plus loin, un chat

Faisant sabbat

Tombe par terre

D'une gouttière ;

Le vieux matou

Se rompt le cou,

Et sa maîtresse,

Dans sa tristesse,

Vient me prier,

Me supplier

D'un air tragique,

Pour moi comique,

De faire un chant,

Mais bien touchant,

Qui lui rappelle

La fin cruelle

Du chat chéri

Plus qu'un mari.

Que vous dirai-je?

Chacun m'assiége;

C'est un sonnet,

Une élégie;

C'est un couplet

Pour une orgie.

Moi, tout confus,

Je ne sais plus

Auquel entendre.

C'est trop souffrir ;

Autant me pendre

Que d'obéir.

A leur demande

Je réponds bien :

Vers de commande

Ne valent rien ;

Mais on persiste.

Si je résiste

Pour un instant,

Ils en font tant,

Qu'enfin je cède

A qui m'obsède,

Et fais des vers

Tout de travers.

Aussi, ma muse

Triste et recluse,

Garde son trou

Commè un hibou ;

Si je l'appelle,

Elle est rebelle.

Comment, sans elle,

Puis je espérer

De m'illustrer?

Que je regrette

Et mes beaux jours,

Et ma retraite,

Et mes amours !

La poésie

Charmait ma vie ;

Mais aujourd'hui,

Dieu ! quel ennui!...

O mon village,

Au doux ombrage !

Ton souvenir

Revient sans cesse

M'entretenir

De ma jeunesse.

Mais je suis vieux.

La mort chemine

Vers ma chaumine,

Ma foi, tant mieux!...

Lizy, mai 1841.

A MADAME D***

> Plus loin, un chat
> Faisant sabbat,
> Tombe par terre
> D'une gouttière.
>
> *L'auteur à M. Tampucci.*

———

J'ai reçu votre lettre, elle est triste et touchante ;

Les bras m'en sont tombés, vous voulez que je chante

La mort de votre chat, de ce pauvre Mouton

Qu'un gigantesque saut envoya chez Pluton ?

Je vous obéirai, je vais prendre la plume ;

Puis-je lui refuser un coin dans mon volume?

Non , je veux lui payer le tribut de mes vers ,

J'espère sur son sort attendrir l'univers.

Et sur le vôtre aussi , tant vous êtes à plaindre,

Je pleure aussi moi-même en essayant de peindre

Ce terrible accident qui cause vos douleurs ,

Le public attendri partagera nos pleurs.

Vous n'avez plus de chat, en voulez-vous un autre?

Je vous offre le mien.... las! vaudrait-il le vôtre?

Le vôtre qui faisait la patte de velours ;

Le mien, sournois, méchant, m'égratigne toujours,

Toujours la griffe au vent, malheur à qui le flatte!

Car il en est payé par un bon coup de patte.

Sans cesse il est grondant et de mauvaise humeur,

Et pis que tout cela, madame, il est voleur ;

Il m'a pris un pierrot que j'élevais en cage,

Et respecte encor moins le beurre et le fromage.

Il m'a joué des tours à se faire rouer,

S'il vient me caresser, c'est pour mieux me flouer.

Enfin je l'ai surpris découvrant la marmite,

Mais un manche à balai lui fit prendre la fuite;

Sans cela le pendard me grippait mon bouïlli.

J'ai vraiment du guignon, moi qui l'ai recueilli!

Hélas! c'est un ingrat, je le dis à sa honte,

J'ai beau le corriger, le coquin n'en tient compte,

Il doit périr un jour comme les scélérats!

Il est vrai qu'il nous prend nos souris et nos rats;

Mais il les mange crus, c'est chose dégoûtante.

C'est un gourmand fini, toute viande le tente.

Le vôtre, je le sais, était bien mieux appris,

Il méprisait les rats, dédaignait les souris;

Il préférait choisir, à même votre assiette,

Le morceau qu'il voulait, sans tacher la serviette;

Quand il ne courait pas il dormait tout son soûl,

Attendant le matin qu'on lui servît son mou ;

Jamais de vous voler il n'eut la moindre envie,

Non, ce vice odieux n'a pas souillé sa vie.

Je vous l'ai déjà dit, je vous offre le mien :

Bah ! vous ne voudrez pas chez vous d'un tel vaurien.

Mais j'en ai trop parlé ; taisons-nous pour sa gloire,

Et du vôtre plutôt honorons la mémoire.

COMPLAINTE

Il était un chat dans Paris,

Mais le plus beau de son espèce,

Dormant, sans songer aux souris,

Sur les genoux de sa maîtresse.

C'était la perle des matous,

Et les chattes du voisinage

Souvent lui donnaient rendez-vous
Sur le toit du sixième étage.

Par un beau matin de printemps,
Mouton était dans la gouttière,
Il y miaulait par passe-temps,
Comme c'était son ordinaire ;
Toutes les chattes d'accourir,
En entendant son doux langage,
Sa voix savait les attendrir
Sur le toit du sixième étage.

Tout allait selon son désir,
Son sort était digne d'envie ;
Le fripon n'avait qu'à choisir
La plus jeune ou la plus jolie,
Il convoitait déjà des yeux
La plus digne de son hommage ;

Mais on n'est pas toujours heureux
Sur le toit du sixième étage.

Il allait... quand un gros chat gris,
D'un saut s'élance sur le groupe ;
Par sa laideur et par ses cris
Des chattes disperse la troupe.
Restés seuls, nos deux maîtres chats
Se mesurent d'un air sauvage,
Et le plus affreux des combats
Se prépare au sixième étage.

Mouton déjà s'est élancé
Sur son redoutable adversaire ;
Mais celui-ci, plus haut placé,
Le culbute dans la gouttière ;
Tout deux se roulent furieux,
Tout en poussant des cris de rage ;

Mouton fut le plus malheureux ;

Il tomba du sixième étage !

Tout juste à côté du trottoir

Le voilà dans un tas de boue ;

Au même instant, ô désespoir !

Sur le corps lui passe une roue ;

Il n'en peut plus, il est mourant

Des suites d'un pareil voyage ;

Le chat gris, d'un air triomphant,

Regardait du sixième étage.

MORALITÉ.

Vous que Dieu doua d'un bon cœur,

Pleurez sur cette fin tragique.

Pour la beauté, pour la douceur,

C'était un chat vraiment unique.

Mais il aimait trop à courir,

De la jeunesse c'est l'usage;

On devrait bien y réfléchir

Quand on monte au sixième étage.

LETTRE A Mme G***,

—

Madame, voyez ma Pie,

Je crois qu'elle a la pepie ;

Vous feriez une œuvre pie

Si vous pouviez la guérir.

Malgré sa triste figure,

Je l'aime, je vous assure.

Entreprenez cette cure,

Vous me ferez grand plaisir.

13

Si j'en crois leur bavardage,

Les femmes du voisinage

Disent que dans un ménage,

Cet oiseau porte malheur.

C'est une erreur populaire;

Dans un siècle de lumière,

Ce conte de ma grand'mère,

Ma foi, ne me fait pas peur.

Telle qu'elle est, je la garde,

Ou voleuse ou babillarde;

Pas de si près n'y regarde

Un malheureux tisserand.....

Pardonnez-moi, je vous prie,

Sans doute je vous ennuie;

Moi-même, comme une Pie,

Je bavarde en ce moment.

A Mme G***,

SUR LA MORT DE MA PIE.

—

Madame, plaignez-moi, quelle affreuse journée !
Ma Pie..... elle n'est plus, la pauvre infortunée !
En vain vous la sauviez d'un danger trop certain,
Sa mort était écrite au livre du destin.

Oh ! combien de courage et de philosophie
Il faut pour supporter les maux de cette vie !
Tout prouve qu'ici-bas, plaisir, bonheur, repos,
Rien n'est sûr, si ce n'est la mort et les impôts

CHANT FUNÈBRE.

Petits oiseaux de la vallée,

Ne chantez plus, versez des pleurs;

Voyez mon àme désolée;

Qu'en tous lieux votre troupe ailée

Aille redire mes douleurs!

Regardez ce baquet par terre,

Gouffre béant comme un cratère :

Margot veut sauter sur le bord,

La patte glisse à la pauvrette,

Elle tombe dans la tinette

Et ne peut éviter son sort.

J'arrive et la vois morte, ô coup qui me foudroie!

Pour moi plus de Margot, et partant plus de joie.

Ah! comment supporter ce malheur accablant?

De toute ma douleur comprenez l'étendue;

Ses yeux se sont fermés, sa prunelle est tendue

D'un triste voile blanc!

O ma Pie, ô ma pauvre Pie!

Tu réchappes de la pepie

Et tu tombes dans le paré (1).

C'était bien la peine de naître

Pour vivre un mois, puis disparaître

De ce globe si mal géré.

Déployant dans les airs tes ailes de sylphide,

Quand je te rappelais, comme le trait rapide,

Joyeuse, tu venais, contente de ton sort.

Morte, je te revois les deux ailes trempées,

Et le bec entr'ouvert, et les pattes crispées.

Quel logogriphe que la mort!!!

Plus légère que la gazelle,

Plus douce que la tourterelle,

Si belle, devais-tu mourir!

Pardonne à mon imprévoyance,

A ma coupable négligence,

Pardonne, je t'ai fait périr.

Qui sait du Créateur les mystères sans nombre?

Sans doute qu'il prendra pitié de ta pauvre ombre.

Dans un astre là-haut il va te recevoir,

Et ton âme planant au sommet d'un nuage,

Ira comme en ballon dans sa céleste cage

Que je verrai briller le soir.

Je t'y souhaite, tant je t'aime,

D'excellent fromage à la crème,

De beaux arbres pour te percher,

Une éternité de jeunesse,

Un beau mâle de ton espèce,

Point d'enfants pour vous dénicher.

Ta dépouille d'oiseau, je la rends à la terre ;

Je vais la déposer dans un coin solitaire

Où la brise du soir viendra la caresser.

Compte sur mes regrets, ils sont bien légitimes ;

Je te perds, ô Margot, plus les quinze centimes

Que pour t'avoir il m'a fallu verser.

Petits oiseaux de la vallée

Ne chantez plus, versez des pleurs,

Voyez mon âme désolée ;

Qu'en tous lieux votre troupe ailée

Aille redire mes douleurs !

LES MÉTAMORPHOSES,

CONTE MORAL;

IMITÉ D'UN CONTE EN PROSE.

(Voyez l'*Almanach des Prosateurs*, de l'an XII.)

———

Un soir d'hiver j'étais auprès du feu ;

Il était tard ; je me creusais la tête

Pour achever quelques couplets de fête,

Mais j'étais las et j'avançais fort peu.

Alors je pris le parti le plus sage,

Au lendemain je remis mon ouvrage.

En me couchant la tête pleine encor

De mots, de vers, de rimes mal d'accord,
Je m'endormis; mais un rêve bizarre
Vint m'assiéger, la chose n'est pas rare.
Tout comme à moi, ne t'est-il arrivé,
Ami lecteur, d'avoir aussi rêvé
Que tu voyais des choses étonnantes
Qui te semblaient pourtant peu surprenantes,
Tant dans un rêve on voit tout de travers !
Voici le mien que je veux mettre en vers.

Je songeais donc que j'étais à ma place,
Auprès du feu, que j'invoquais Horace ;
De plus en plus s'embrouillait mon cerveau ;
Je n'en pouvais tirer rien de nouveau.
Je m'appuyais tristement sur ma table,
Et j'envoyais mon Apollon au diable,
Dans mon dépit de rimeur aux abois,
Quand j'entendis une petite voix

Qui me disait : Puisque tu veux écrire,

Écoute bien ce que je vais te dire,

Reprends ta plume et sois bien attentif :

Je ressentis le désir le plus vif

De voir à qui, du moins, j'avais affaire ;

Autour de moi tout était solitaire,

Je ne vis rien ; mais, sans m'en effrayer,

Je pris ma plume, arrangeai mon papier,

Ne doutant pas qu'une muse attendrie

Ne m'apparût, ou bien mon bon génie.

Me voici prêt, vous pouvez me parler,

Personne ici ne viendra nous troubler ;

Lors de nouveau, la voix se fit entendre,

Et son récit pourra bien vous surprendre.

Je n'ai, lecteur, pourtant rien mis du mien ;

Non, je suis trop fidèle historien.

Je suis le fils d'un gros propriétaire,

— Me dit la voix ; — il vivait dans sa terre

En grand seigneur, et moi, seul avec lui.

Ne sachant trop comment tromper l'ennui,

J'aimais monter mon beau cheval de race

Et me donner le plaisir de la chasse.

Un soir d'été, revenant un peu tard,

A quelques pas de moi passe un renard ;

J'aurais bien fait de regagner mon gîte,

Je préférai me mettre à sa poursuite ;

Mais mon cheval venant à trébucher,

Je me brisai les reins contre un rocher ;

Le choc fut rude et me coûta la vie.

CHIEN.

Sur de la paille et dans une écurie,

Qui fut surpris de me voir? ce fut moi ;

Car de Brama j'avais subi la loi ;

D'un chien danois j'avais pris la figure.

En gémissant de ma triste aventure

Je m'endormis : on m'aperçut le soir,

On m'appela, chacun voulut me voir.

On me jugea très-bon chien sur ma mine ;

Je fus fort bien reçu dans la cuisine,

Comme un ami, non comme un étranger,

Et tout d'abord, on me fit bien manger.

J'aurais trouvé mon sort heureux peut-être,

Si je n'avais reconnu dans mon maître

Un palfrenier, notre ancien serviteur,

Que chez mon père on appelait Lafleur ;

Lui, de valet s'était fait aubergiste.

Humilié, confus, j'étais fort triste ;

Quels souvenirs ! et moi j'étais son chien !

Quelqu'un lui dit : Tenez, vous feriez bien,

Si vous voulez qu'il fasse des merveilles,

De lui couper la queue et les oreilles ;

Il deviendrait plus fort et plus joli.

A quel degré j'allais être avili !

Me voilà donc sans oreilles, sans queue.

On aurait pu m'entendre d'une lieue,

Quand on me fit cette opération.

J'étais, hélas ! à leur discrétion.

Il n'y paraissait plus au bout de trois semaines.

J'osai croire un instant à la fin de mes peines ;

Mon maître avait un fils qu'il aimait tendrement ;

A mentir, à mal faire, il passait tout son temps ;

Son père, par faiblesse, endurait tous ses vices.

Il fallait obéir à ses moindres caprices ;

Quand il me maltraitait, il était approuvé,

Et l'on me vit bientôt avec un œil crevé.

Il me battait souvent, presque toujours sans cause ;

C'était moi qu'on rossait s'il cassait quelque chose.

Jamais il n'avait tort, et moi, pauvre martyr,

On ne me trouvait bon que pour le divertir.

Un jour, je résolus de rompre enfin ma chaîne ;

La porte était ouverte et je gagnai la plaine.

En traversant un bourg j'aperçus par hasard

Un gros tas de copeaux placés sous un hangar ;

Je m'y blottis, croyant que j'y serais tranquille,

Mais j'avais pris encore une peine inutile ;

J'étais dans l'atelier d'un maître charpentier.

Pour prendre des copeaux survint un ouvrier ;

Il me voit, me saisit, appelle un camarade :

— Tiens-le bien, lui dit-il, de peur qu'il ne s'évade,

Tiens-le bien ; tu verras que dans quelques instants,

Nous aurons le plaisir de rire à ses dépens.

Je tremblais, ne sachant ce qu'il allait me faire ;

Il prend un bout de planche et dit : voilà l'affaire.

Je l'y vis faire un trou juste dans le milieu.

Tout est prêt, tiens toujours ; — nous allons voir beau jeu ; —

A ma queue, ô douleur ! la planche est suspendue,

On me lâche, en riant, au milieu de la rue ;

Je hurle, Dieu sait comme! et me mets à bondir,

Mes bourreaux se pâmaient, les passants d'applaudir.

Une troupe d'enfants se lance à ma poursuite,

Et plus ils criaient fort et plus je courais vite.

Pour entrer dans un clos je file entre deux pieux ;

Ma planche m'y retient ; les petits furieux

Acharnés à ma perte étaient près de m'atteindre...

Je savais dans leurs mains ce que j'avais à craindre,

Un héroïque effort me délivre à l'instant,

De ma queue il fallut laisser là le restant ;

Je n'en courais pas moins. A cent pas du village

Cinq à six paysans m'attendant au passage,

M'assommèrent, croyant que j'étais enragé,

Et de la vie encor me voilà soulagé.

LINOTTE.

Quittant son enveloppe horrible et mutilée,

Mon âme, vers un bois, alors prit sa volée.

Je me trouvai bientôt dans le plus beau des nids ;

Une jeune linotte y soignait trois petits.

Tous trois venaient de naître, et moi le quatrième,

Sous l'aile de l'oiseau je fus admis de même.

Me voilà donc heureux, disais-je, cette fois.

Moi, jeune enfant de l'air et nourri dans les bois,

Je pourrai par mes chants égayer ces ombrages,

Voltiger sans péril sous ces épais feuillages.

Ici je braverai les perfides humains

Et je ne craindrai plus de tomber dans leurs mains.

Hélas ! je vantais trop mon bonheur éphémère !

Un méchant écolier surprit ma pauvre mère,

Il l'étouffe en voulant trop fort la retenir,

La jette et prend le nid ; qu'allons-nous devenir ?

Et c'est dans un panier que le vaurien nous place ;

Mal nourris, mal soignés, bientôt le froid nous glace ;

Déjà trois d'entre nous ont dû subir leur sort.

Pour moi je résistai, car j'étais le plus fort ;

Un jour, à la maison, vint une jeune fille,

Une blonde à l'œil bleu, douce autant que gentille;

Elle me regarda d'un air compâtissant,

Et donna, pour m'avoir, quelques sous à l'enfant.

Exprès elle acheta la plus brillante cage ;

C'était, en m'y mettant, me tirer d'esclavage.

Me voilà bien nourri, bien choyé, bien fêté ;

J'étais reconnaissant, et pour tant de bonté

Je tâchais par mon chant d'amuser ma maîtresse,

Ne pouvant autrement lui prouver ma tendresse.

Ses caresses, ses soins embellissaient mes jours !

Mais, hélas ! le bonheur ne peut durer toujours ;

Celui que je goûtais devait passer bien vite.

Isabelle, un matin, reçut une visite,

Celle d'une compagne : on s'embrassa d'abord,

Puis on jasa ; c'était un merveilleux accord !

Les tendres petits cœurs ! quelle bonté touchante !

La visiteuse dit : Comme ton oiseau chante !

Je le trouve charmant ; mais pour qu'il chante mieux

Ma chère, tu devrais lui crever les deux yeux,

Lui jouer tous les soirs un air de serinette ;

Recueilli, moins distrait, sa voix serait plus nette ;

Dans une étroite cage il faudrait l'enfermer ;

A tout ces oiseaux-là peuvent s'accoutumer.

— Le priver de la vue, oh ! ce serait dommage.

— Bah ! ce qui fait l'oiseau n'est-ce pas le ramage ?

J'écoutais en tremblant la donneuse d'avis,

Et dès le lendemain ils furent trop suivis.

Celle que je croyais humaine et bonne fille

Tira de son tricot une très-forte aiguille,

La fit rougir au feu, m'aveugla sans pitié :

Ce tendre petit cœur n'était bon qu'à moitié.

Me voilà par ses mains privé de la lumière.

Une étroite prison me servit de volière ;

Heureusement un chat, une nuit, put l'ouvrir,

Et sut, en me croquant, m'empêcher de souffrir.

SCARABÉE.

De sa triste prison ma pauvre âme échappée

Vint s'emparer du corps d'un joli scarabée,

Paisible possesseur d'un immense jardin ;

Le gazon scintillait sous les feux du matin ;

Je voulus profiter du beau temps, de mes ailes ;

J'allais donc voyager par des routes nouvelles,

Heureux, me reposer sur des arbres, des fleurs ;

Et déjà j'oubliais mes anciennes douleurs,

Déjà je m'essayais pour prendre ma volée.

Le jardinier me voit au détour d'une allée,

Il m'abat à ses pieds, appelle son enfant :

— Vois ce petit oiseau, tiens, c'est pour toi, Fanfan.

Le marmot me ramasse en faisant la grimace.

— Merci, papa ; dis-donc, que faut-il que j'en fasse ?

— Tout ce que tu voudras. — Oh ! vais-je m'amuser !

Et tout fut bientôt prêt pour me martyriser.

Arrachant une épingle à sa manche attachée,

Dans mon corps délicat il l'eut bientôt fichée ;

Alors, très-satisfait d'avoir su m'empaler,

Il voulut, le méchant, me contraindre à voler.

En effet, je volai, non pour le satisfaire,

Mais bien pour me tirer de sa main meurtrière.

Un fil me retenait, je retombais toujours.

Je vis bien que c'était le dernier de mes jours,

Tant j'éprouvais alors une horrible souffrance !

Et c'est à de tels jeux que se livre l'enfance !

Et le père était là qui lui dit : va, c'est bien...

Écrase-le, Fanfan, il n'est plus bon à rien !

— Et son pied termina mon affreuse agonie

VER.

Mon épreuve était loin encor d'être finie :

Me voici ver de terre habitant le fumier

Qu'on avait mis en tas dans la cour d'un fermier ;

J'y vivais néanmoins sans pousser une plainte ,

Je trouvais ma pâture et je dormais sans crainte.

Un jour me rappelant qu'un poëte vanté

Avait dit : Le bonheur gît dans l'obscurité ,

Ce poëte, pensai-je , a parlé comme un ange.

Tout à coup j'entendis quelque chose d'étrange ;

Mes compagnons et moi nous étions hors de nous.

On mettait le fumier tout sens dessus dessous.

Je voulus voir pourquoi tout ce remue-ménage ;

C'était, je l'avoûrai, me montrer bien peu sage ;

Il n'est pas toujours bon de voir tout par ses yeux,

Souvent il nous en cuit d'être trop curieux.

Je pouvais, en fuyant, éviter la tempête ,

Mais non ; je m'avisai d'aller montrer la tête ;

Qu'aperçois-je? un manant, une fourche à la main,

Retournant de son mieux mon mobile terrain.

Je reconnus bientôt qu'il nous faisait la guerre,

Nous jetant pêle-mêle au fond d'un pot de terre ;

Il me prit à mon tour et j'eus le même sort;

J'en augurais fort mal et je n'avais pas tort;

En tombant au pouvoir d'un pêcheur à la ligne,

Nous devions endurer un traitement indigne.

Le lendemain matin, par un temps calme et beau,

Un jeune homme charmant nous porte au bord de l'eau.

C'était un grand garçon de fort belles manières.

Il retire du pot l'un de mes pauvres frères,

Lui passe un hameçon dans la longueur du corps;

Quel supplice! il devait souffrir dix mille morts.

Pour moi, j'étais transi, la peur m'ôtait la force,

En pensant qu'au poisson j'allais servir d'amorce.

Enfin mon heure sonne et je suis enfilé,

Comme mes compagnons, à ce fer barbelé.

Si l'homme se doutait de l'horrible torture,

Des tourments inouïs qu'un animal endure,

Suspendu pour mourir au terrible hameçon,

Avec moins de plaisir il prendrait du poisson;

Mais non, c'est sans pitié, quelquefois avec joie,

Que son pied nous écrase ou que sa main nous broie.

J'ai péri deux cents fois par le feu, par le fer;

S'il fallait te compter tout ce que j'ai souffert,

Tu n'aurais pas assez de papier pour l'écrire;

Le temps me manquerait s'il fallait tout te dire.

Pour flatter le palais de vos riches gourmands,

On m'a fait expirer dans de cruels tourments;

Quand j'étais écrevisse, ou chapon, ou poularde,

Carpe, cochon de lait, huître, lapin, outarde,

On m'a brûlé tout vif, fait cuire à petit feu...

De nous martyriser l'homme se fait un jeu.

PUCE.

A ce touchant récit de la voix invisible,

Quoique toujours rêvant, je me montrais sensible:

Un poëte jamais n'eut le cœur inhumain.

A l'instant, je me sens fort bien piquer la main,

Et c'était une puce. — Ah! je t'y prends, la belle,

Lui dis-je en l'attrapant; c'est à cette chandelle,

Que tu dois expier ton crime; — et sur-le-champ

Je la brûlai: pourtant je ne suis pas méchant.

La puce disparut; ô surprise agréable!

Une charmante fille était devant ma table.

Qu'as-tu fait, me dit-elle, en me donnant la mort?

Pour être malheureuse il me faut vivre encor;

A combien de dangers cette forme m'expose!

Me fallait-il subir cette métamorphose?

Je vais me voir en butte à la séduction;

On va feindre pour moi l'amour, la passion;

Sans pouvoir me cacher, je dois m'attendre à vivre;

Les regards, les désirs, partout vont me poursuivre, ·

Si je succombe, eh bien! sur moi tombent les torts,

Et je serai livrée à la honte, aux remords;

L'homme met son étude à tromper l'innocence;

De toujours résister avons-nous la puissance?

En lui plus que jamais je vois un ennemi;

Oh! que ne suis-je encor ver de terre ou fourmi!

— J'écoutai le discours de ma belle parleuse;

Je voulus l'assurer qu'elle serait heureuse,

Que chez moi son honneur ne courrait nul danger,

Que je voulais toujours l'aimer, la protéger;

Je me sentais soumis au pouvoir de ses charmes:

Elle s'en aperçut, je vis couler ses larmes;

Alors je me levai pour lui prendre la main...

Mais l'effort que je fis me réveilla soudain.

LE CHIEN SAUVÉ.

—

Dis, maman, connais-tu cet homme?
Il pleure et caresse son chien.
— C'est, je crois, Pierre qu'on le nomme;
Il est honnête, mais n'a rien.

— Entr'ouvrons un peu le feuillage,
Approchons-nous pour l'écouter;

Et s'il a bien faim , je partage
Avec lui mon petit goûter.

— Bien , ma fille ! ton cœur sensible
Du pauvre ressent le malheur ;
Viens ; de Pierre , s'il est possible ,
Nous allégerons la douleur.

Et les voilà tout près de Pierre ,
Qui , se croyant seul en ces lieux ,
Triste , regardait la rivière ;
Des larmes coulaient de ses yeux.

« Mon Dieu ! je vais commettre un crime ,
« Mon chien dans les flots va périr ;
« Tu m'aimes tant , pauvre victime !
« Je n'ai plus rien pour te nourrir.

« Je sens qu'il me faudra te suivre,

« Mon courage est mal affermi ;

« Comment ferai-je pour survivre

« A mon chien, mon unique ami?

« Depuis dix ans, dans mon veuvage,

« N'as-tu pas su me consoler?

« Tes caresses sont ton langage,

« L'amitié ne peut mieux parler.

« Quand le froid venait nous surprendre,

« Par un hiver trop rigoureux,

« Sur mes pieds tu venais t'étendre

« Et me réchauffais de ton mieux.

« Et si j'étais dans l'allégresse,

« Joyeux, je te voyais bondir,

« Ou bien, accablé de tristesse,

« Comme moi tu semblais souffrir

« Tu comprenais ta solitude,

« Quand j'étais un jour loin de toi,

« Oh oui ! j'en ai la certitude,

« Tu n'aurais point vécu sans moi.

« Tu tournes vers moi ta prunelle

« Et j'y lis ton dernier adieu ;

« Reçois le mien, ami fidèle,

« Combien il me coûte, ô mon Dieu ! »

— Et de sa poitrine oppressée

S'échappent soupirs et sanglots ;

En proie à sa sombre pensée,

Il semble interroger les flots.

Hélas! dans ce moment suprême,

Il peut oublier son devoir.

Va-t-il survivre à ce qu'il aime,

Ou céder à son désespoir?

Il survivra, le pauvre Pierre.

Seul l'impie abrége ses jours;

Il lie au cou du chien la pierre

Qui doit l'entraîner pour toujours.

— Courons, maman, je t'en supplie!

Il va le noyer, l'inhumain!

Pourrait-il arracher la vie

A celui qui lèche sa main?

Du saule elle écarte les branches,

Sur le chien s'élance d'un bond

Et détache de ses mains blanches,
De son cou le fatal cordon.

Elle a bien fait, la bonne Estelle,
Un peu plus, il était trop tard;
Sa mère s'assied auprès d'elle,
Pour rassurer le bon vieillard.

Il était pâle et sans parole,
Honteux d'avoir été surpris;
Mais une femme qui console
Pour le malheur a tant de prix!

« Séchez vos pleurs, la Providence,
« Brave homme, veille encor sur vous;
« Ouvrez votre âme à l'espérance,
« C'est elle qui nous soutient tous.

« Dieu m'a donné quelque richesse,

« Je l'emploie à faire le bien,

« J'aurai soin de votre vieillesse.

« — Maman, j'aurai soin de son chien. »

Voyez se dessécher la rose

Que dévore un brûlant soleil,

Le jardinier vient et l'arrose,

Elle reprend son teint vermeil.

Et Pierre aussi se sent renaître.

O bienfaisance, saint trésor!

Le riche qui te peut connaître,

Par toi devient plus riche encor.

LE MAUVAIS RICHE

ET

LE CHOLÉRA-MORBUS.

—

Pour m'enrichir j'ai fait trois fois faillite,

J'ai réussi, disait le gros Mondor :

On peut fort bien me trouver du mérite,

J'en dois avoir, puisque j'ai beaucoup d'or.

J'ai pour amis les députés du centre

Et j'entretiens des filles d'Opéra ;

Sans m'annoncer, chez les ministres j'entre ;
Je ne crains pas, Messieurs, le choléra.

Le choléra n'en veut qu'à la misère,
C'est sur les gueux qu'il tombe avec fureur,
Dieu l'envoya pour en purger la terre,
Pour eux est fait ce fléau destructeur.
Tombez, mourez, disparaissez, canaille,
Aucun de vous, je crois, ne restera.
Riches, pour nous est le champ de bataille,
Remercions, Messieurs, le choléra.

J'ai ruiné plus de trente familles,
Grâce à leurs biens, j'ai de gros revenus ;
Sous mon balcon vient pleurer en guenilles
Plus d'une mère avec ses enfants nus ;
Toujours ce cri me poursuit quand je passe :
« Un peu de pain, le ciel vous bénira ! »

Mais de ces gueux la mort nous débarrasse.

Fort à propos nous vient le choléra.

   Las d'insulter aux pauvres cholériques,

D'excellent vin il vide un rouge bord,

Mais assailli par d'horribles coliques,

Saisi de crainte, il entrevoit la mort.

A son chevet la Faculté s'empresse;

Malgré Broussais, Mondor y passera,

Du peuple enfin Dieu venge la détresse;

Tous sont égaux devant le choléra.

AU PETIT MANTEAU BLEU.

A vous que tout Paris révère,

Et qu'il connaît encor si peu,

Vous l'ami, le guide et le père

De toute la classe ouvrière,

Salut, ô Petit Manteau bleu!

Je rends grâce à la Providence,

Qui mit mon livre entre vos mains,

Et me fit faire connaissance
Avec le meilleur des humains.

Vous protégez un pauvre diable,
Bon tisserand, rimeur passable,
Qui tout le jour comme un hibou
Aime à rester coi dans son trou,
Et maint voisin peu charitable
Répète que je suis un fou
A qui Satan tordra le cou.
Mais je ne m'inquiète guère
De ces puériles terreurs.
Vous connaissez bien le vulgaire,
En vain on lui ferait la guerre
Pour le guérir de ses erreurs.

La moitié de l'espèce humaine,
Toujours un bandeau sur les yeux,

Marche à tâtons et croit sans peine

Aux revenants , au merveilleux.

Et pourtant d'une telle engeance,

Mon ami , vous avez pitié;

Vous lui prêtez, dans l'indigence ,

Vos secours et votre amitié.

Vous savez trop ce qu'il en coûte

Au pauvre qui veut s'éclairer ,

Combien il doit longtemps errer

Avant de connaître la route

Qu'un maître pourrait lui montrer.

Aussi votre sollicitude ,

Votre amour qui vous porte au bien

Vous a fait trouver le moyen

Qui devait faire aimer l'étude

Au pauvre enfant du plébéien.

Bientôt l'hiver aux doigts de glaces
Va nous apporter les frimas ;
L'humanité guidant vos pas
Vous ramènera sur ces places
Où les pauvres ne manquent pas.

Là, vous reverrez la misère,
A l'œil cave, aux pâles couleurs,
L'enfant affamé dont la mère
Ne peut apaiser les douleurs

Et vous irez, vous, leur bon ange,
Dire à tous ces infortunés :
A table ! allons, que chacun mange !
Toujours heureux quand vous donnez

L'amour du prochain vous anime,
Noble ami de l'humanité !

Mais votre dévouement sublime
Vous vaudra l'immortalité.

Si le riche qui vous contemple
Au moins sur vous prenait exemple,
L'hiver aurait moins de rigueurs
Pour cette classe malheureuse,
A nourrir, hélas! trop nombreuse. ..
Mais où sont vos imitateurs?

⁂

A MADAME DUFAŸ

(NÉE **AIMÉE CHAMPION**),

QUI AVAIT ÉCRIT CES MOTS EN TÊTE DE MON
RECUEIL DE POÉSIES :

« Si quelques larmes sont tombées sur la trame que tu tissais,
« ô Magu ! Dieu a envoyé la poésie pour être ton ange gardien,
« et les essuyer avec une gerbe de fleurs. »

—

Oh ! vous avez raison, la douce Poésie

Au déclin de mes jours me montre quelques fleurs,

Pour me les apporter c'est vous qu'elle a choisie ;

Vous en couvrez la trame humide de mes pleurs !

Merci, femme, merci de ce pieux message,
De ces charmantes fleurs qui naissent sous vos doigts,
De cet ange gardien dont vous êtes l'image,
Et dont vous avez pris le regard et la voix !

Tout en vous accordant les biens de la fortune,
Dieu vous dota d'un cœur sensible et généreux,
La voix de l'indigent peut-elle être importune,
A celle qui voudrait ne voir qué des heureux ?

LA PROVIDENCE ET LE SAUVAGE,

ANECDOTE HISTORIQUE.

—

O vous, cœurs superbes et vains,

Qui dédaignez la commune croyance,

Et qui, sur terre, au sein de l'opulence,

Vous croyez des êtres divins,

Que sert-il qu'enflés de science,

Vous sachiez tout ou pensiez tout savoir,

Si vous ne savez pas remplir votre devoir?

Venez aux genoux d'un sauvage,

Au fond d'une forêt, sur un lointain rivage,

Humilier votre orgueil irrité,

Abjurer votre erreur, votre incrédulité,

Vous souvenir enfin que vous avez un maître

Tout puissant, et dont la bonté

Dans tout son jour à l'instant va paraître.

Mais de notre homme écoutez la leçon :

Bien qu'il n'eût pour toute fortune

Que son arc et son hameçon,

Il bravait de son mieux la misère importune;

Cependant il était époux,

Il était père, et ce titre si doux

Imposait à son cœur une bien rude tâche;

Car il fallait giboyer sans relâche

Pour nourrir huit petits marmots!

Mais comme on est, le soir, soulagé de ses maux,

Quand de retour au sein de la famille,

Et chargé d'un riche butin,

Chacun vous entoure et sautille,

Boit et mange, se couche et dort jusqu'au matin !

Tel était de notre homme à peu près le destin ;

Mais un jour, ô chance cruelle !

Il n'attrapa ni goujon ni gazelle,

Rien enfin, comme on dit, à mettre sous la dent ;

Un, deux, trois jours enfin se passent sans pitance ;

Tout autre qu'un sauvage eût perdu patience,

Et cela se conçoit ; mais notre homme prudent

Dit : « Quoi donc ! n'ai-je pas là-haut la Providence ?

« Elle a pu me créer, elle peut me nourrir ! »

Et puis, d'un ton rempli de confiance,

Ainsi commence à discourir :

« Grand Dieu qui nous a mis sur terre,

« Voudrais-tu nous abandonner?

Quo i! quatre jours de jeûne et ne nous rien donner!

« N'est-tu donc plus notre bon père?

« Cesses-tu de nous gouverner?

« Ah! je vois bien que je t'offense,

« Ce sont tous mes péchés qui demandent vengeance,

« Et tu m'en punis par la faim!

« Hélas! je le mérite bien.

« Mais vois ces petites victimes,

Qu'ont-elles fait et par quels crimes

« Méritent-elles de souffrir?

« Ah! si tu veux, fais-moi mourir;

« Mais elles qui n'ont pas demandé l'existence,

« Attendent tes secours bien dus à l'innocence;

« Donne-leur seulement de quoi faire un repas!

« Mais quoi! tu ne dis mot, tu ne me réponds pas!

« N'ai-je pas la voix assez forte

« Pour aller jusqu'à toi? Attends; je vais crier! »

— Las ! il a beau s'égosiller,

C'est en vain. — « Ah ! dit-il, tu n'ouvres pas ta porte,

    « Et bien ! je vais faire autrement

    « Et t'éveiller avec mon instrument ! »

Alors de sa cabane aussitôt il apporte

    Un vieux couvercle de chaudron,

Et puis, frappant dessus, vous fait un carillon

    Que le diable en eût pris les armes !

Accompagnant ce bruit de plaintes et de larmes,

    Ayant toujours le nez en l'air.

A peine eût-il fini l'harmonieux concert,

Qu'il entend quelque bruit à travers le feuillage ;

Un ours énorme était caché dans un bocage,

Et le monstre effrayé de ces aigres accords,

    Se dégageant par mille efforts,

Se disposait à fuir ; mais la flèche mortelle

    Vole et le chasseur avec elle ;

Toute la maisonnée est bientôt sur ses pas :

« Nous en avons, dit-il, pour au moins vingt repas !

 « Ah ! bénissons la Providence !

« Voyez-vous, mes enfants, que notre père est bon,

« Lui qui régale ainsi ceux que la confiance

« N'abandonne jamais ; demandons-lui pardon

 « D'avoir montré par notre inquiétude

« Que nous doutions un peu de sa sollicitude. »

 Il dit, et chacun à genoux,

En son jargon par les noms les plus doux,

 Remercia l'Être suprême.

—Eh bien ! ingrats tout remplis de vous-mêmes,

 Cette leçon n'est-elle pas pour vous ?

LA LUMIÈRE DU FOYER DOMESTIQUE.

(Emprunté à une parabole de Krummacher.)

Bon pèlerin, bon pèlerin,

Le jour baisse, reprends courage,

Ne t'écarte pas du chemin,

Près de terminer ton voyage.

Tu brûles déjà de revoir

La chaumière où tu pris naissance,

Le banc où tu venais t'asseoir
Pour y méditer en silence.

Tu te crois assis au foyer,
Entre ta mère et ton vieux père;
Qu'ils seront heureux d'essuyer
Ton front tout couvert de poussière !

Mais hélas ! la nuit le surprit,
A peine au bas de la montagne...
Le pèlerin s'arrête et dit :
« On n'y voit plus dans la campagne. »

Il craint d'errer jusqu'au matin,
Quoique bien près de sa chaumière...
Mais non, il voit dans le lointain
Une vacillante lumière.

Il s'achemine tout joyeux

Et poursuit à travers la plaine

Le rayon qui luit à ses yeux,

Et qui doit le tirer de peine.

Savez-vous ce qui l'attirait,

Ce qui ranimait son courage?...

Hélas! c'était un feu follet

Voltigeant sur un marécage.

« Arrête, lui crie une voix,

« Ou bien tu vas être victime;

« Cette lumière que tu vois

« T'entraînerait dans un abîme.

« — Qui me parle? — C'est un pêcheur

« Tout près de toi, dans sa nacelle,

« Qui voudrait te tirer d'erreur,

« Te sauver d'une mort cruelle...

« — Toi qui veux arrêter mes pas,

« Crois-tu ma prudence endormie?

« La lueur que je vois là-bas

« Doit être une lueur amie.

« — Ce rayon qui peut t'égarer

« Attends, et tu vas le connaître...

« Il est déjà près d'expirer

« Sur le marais qui l'a fait naître. »

Notre pèlerin interdit

Se recueille et commence à craindre;

Comme le pêcheur l'avait dit,

Il voit le feu follet s'éteindre.

« — Merci, bon pêcheur, grand merci !

« Sans toi j'aurais péri sans doute...

« Mais je ne puis rester ici...

« Qui me remettra sur ma route ?

« — Moi-même, car c'est un devoir

« Que l'on doit remplir avec joie...

« Aussi combien j'en vais avoir

« De te remettre sur ta voie !

« — Tous deux rendons grâces à Dieu

« — De sa bonté c'est une marque —,

« Toi de me trouver en ce lieu,

« Moi de t'avoir vu de ma barque. »

Le pêcheur le prend par la main,

Le conduit avec complaisance

Et le remet dans le chemin
Qu'il doit suivre avec confiance...,

Est-ce encore une erreur?... Il croit
Ces beaux arbres les reconnaître,
Et cette autre clarté qu'il voit
Doit venir de son toit champêtre.

Non, non, il ne se trompait pas,
Et ses craintes s'évanouissent,
Il arrive, il est dans les bras
De ses parents qui le chérissent.

FRAGMENT D'UNE ODE

CONTRE LA PEINE DE MORT.

1.

Le secret de notre existence
Appartient seul à son auteur.
La vie est un bienfait immense
Que dispense le Créateur.
Sa source, qu'on ne peut connaître,
Découle du souverain maître ;

Gardons-nous d'y porter la main,

Craignons d'outrager la nature;

La religion douce et pure

Gémit d'un sacrifice humain.

II.

Vous usez de vos lois terribles

Pour atteindre les scélérats;

Dites, êtes-vous infaillibles,

Témoins, jurés et magistrats?

Le sang de plus d'une victime

Fume encor..... Pour fermer l'abîme

Renversez-y vos échafauds,

Sortez de cette horrible voie,

Le sépulcre garde sa proie,

Mais on peut rouvrir des cachots.

A GILLAND,

EN RÉPONSE A SES VERS.

I.

Oui, viens me voir quelque dimanche,

Dans ma petite maison blanche,

La coquette aux contrevents verts ;

Je t'y recevrai comme un frère,

Je sais l'accueil que je dois faire

Au poëte, à ses jolis vers. (3)

Ton père est né dans mon village,

Tous deux nous avons le même âge ;

Le bonhomme a quitté les champs

Pour aller vivre dans un gouffre,

Dans ce Paris où ton cœur souffre

De vivre parmi des méchants.

Des méchants, à tort tu le penses,

L'homme est né bon, mais l'ignorance

Le rend injuste envers celui

Qui s'instruit et veut tout connaître,

Qui médite et grandit son être,

Comme tu le fais aujourd'hui.

Ainsi que moi, prends patience,

L'âge donne l'expérience ;

Ami, le temps n'est pas venu

Où tout joyeux tu pourras dire :

« Les vers échappés de ma lyre,

On les chante.... je suis connu. »

II.

Il faut de grands efforts pour sortir de la route

Que suivent nos égaux ; je sais ce qu'il en coûte

Au pauvre non lettré qui vit en travaillant,

Avant que d'obtenir un regard bienveillant

Du riche prévenu, qui pense que notre âme

Ne peut du feu divin recéler quelque flamme :

Aux souffrances d'autrui peu fait pour compatir,

Il croit nos cœurs peu faits pour aimer et sentir ;

Il nous croit étrangers aux douces rêveries

Que font naître, au printemps, les bois et les prairies,

L'aspect d'un beau ciel bleu, le doux chant des oiseaux,

L'onde qui fuit courbant de fragiles roseaux,

Et les grands peupliers que cette onde reflète ;

Il croit que pour nos cœurs la nature est muette ;

Le riche en le pensant ne croit rien supposer,

C'est à nous, cher Gilland, de le désabuser.

III.

Vois Durand, notre ami Lebreton, Beuzeville,
La lyre sous leurs doigts, bien loin d'être indocile,
A rendu des sons enchanteurs,
Pour maîtres ils n'ont eu que la simple nature,
Celle qui grandit l'âme, et l'échauffe et l'épure,
Ils n'ont puisé que dans leurs cœurs.

Pour alléger les maux qui pèsent sur ta vie,
Appelle à ton secours la douce poésie,
Elle viendra te consoler ;
Puise aussi dans ton cœur, et tu plairas de même ;
Il est simple, il est bon, il est sincère, il aime,
Oh ! je dois me le rappeler.

Gilland, il est si beau d'exercer son génie ;
Tant d'autres vont chercher leurs plaisirs dans l'orgie,

Qui perd l'âme, épuise le corps !

Chanter l'humanité, la nature et ses charmes,

Ne nous fait de regret jamais verser des larmes,

Ne cause jamais de remords.

Le temps fuit vite, ami, les heures sont légères.

Imite Perdiguer, son amour pour ses frères,

Son désir de les éclairer ;

Il attaque, chez eux, et l'erreur et le vice,

Leur prêche l'union, l'amour de la justice,

Qu'il saura faire préférer.

Tout en servant les siens il sert bien la patrie,

Il réforme les mœurs, rehausse l'industrie,

Nous devons l'en féliciter ;

Tandis qu'on en voit tant qui jettent leurs paroles,

Prodiguent leur esprit dans des écrits frivoles,

Qui feraient bien de l'imiter.

Hélas! j'ai fait comme eux, mon livre est bien futile,

Oh! ne m'imite pas, écris pour être utile

    Au pays, à l'humanité.

A Paris grandira ta jeune intelligence;

Pour moi, de ce côté, je n'ai plus d'espérance,

    Je reconnais ma nullité.

Je te montre en ami la règle qu'il faut suivre,

Sans jamais négliger le travail qui fait vivre

    Et qui nous rend indépendant.

Le travail est certain, la poésie un rêve,

L'un pourvoit aux besoins, et l'autre nous élève

    Vers Dieu qui nous voit, nous entend.

A Mme LA COMTESSE DE VOLNEY.

Quoi ! j'ai donc en effet quelque peu de mérite,

Puisqu'il m'a procuré votre aimable visite ;

Le pauvre tisserand saura s'en souvenir !

Vous avez bien voulu vous asseoir à sa table,

A ses petits succès vous montrer favorable,

Lui parler de son avenir.

Rien de plus doux au cœur qu'une voix qui console.

Que de chagrins s'en vont devant une parole !

Que de pleurs cessent de couler !
— Voyez ce pèlerin fatigué du voyage
Qui rencontre à la fin un peu d'eau, de l'ombrage,

Un ange pour le consoler.

Il se croyait perdu dans le désert immense,

Et le doute accablant faisait fuir l'espérance

Qui l'a soutenu si longtemps,
Mais une douce voix a frappé son oreille,
Il renaît à l'espoir, et son cœur se réveille
Comme l'oiseau joyeux au retour du printemps.

Je suis ce pèlerin, vous, son ange propice,
Car vous m'avez tendu votre main protectrice,

A moi, poëte en tablier !

Oh! j'ai cru ce jour-là revoir ma pauvre mère,

Vous avez sa bonté, ses traits, son caractère,

O ma mère, ô Volney, puis-je vous oublier!

LES LIMES,

(Tiré de l'*Almanach des Prosateurs*, an XII.)

—

À Paris, sur le quai de la Mégisserie,

Un marchand, renommé par sa quincaillerie,

Pour ses limes surtout, une certaine nuit,

Crut dans son magasin entendre quelque bruit;

Il écoute, le bruit redouble de plus belle,

Il se lève à la hâte, allume sa chandelle;

Notre homme heureusement ne craignait nul danger,

Pas même les voleurs; alors d'un pas léger

Il descend... que voit-il? vous ne le pensez guère,

Ses limes, ô malheur! qui se faisaient la guerre;

Bon Dieu! quel tintamarre et quel acharnement!

Le marchand stupéfait les regarde un moment,

Elles s'entre-choquaient comme des furibondes;

C'étaient les *Tire-points* mordant les *Demi-rondes*,

Qui le leur rendaient bien; jugez quel carillon!

La *Râpe* dévorait le pauvre *Faucillon*,

Plus loin la *Lime plate* égrenait la *Bâtarde*,

Avant que celle-ci puisse se mettre en garde;

Il voyait tout auprès les *Limes à carreau*,

Qui ne ménageaient pas les *Limes à couteau*;

Puis le *Faucillon plat*, à l'ardeur impuissante,

Usant toutes ses dents sur la *Lime fendante*,

Toutes, dans leur fureur, se mordaient sans pitié;

Notre pauvre marchand reste pétrifié :

Arrêtez! cria-t-il, en bouchant ses oreilles,

Non, je ne vis jamais folles à vous pareilles;

Quoi! vous battre entre vous, mais c'est vous avilir!

Vous, faites pour créer, vous, faites pour polir!

Vous, d'un si beau fini, si fortement trempées!

Ferrailler sottement ainsi que des épées!

Quelle aveugle fureur voulez-vous assouvir,

En vous mettant ainsi hors d'état de servir?

Non, jamais je n'aurais soupçonné de ma vie

Que jusque parmi vous on pût trouver l'envie.

De ce honteux combat, dites, quel est le fruit?

Et votre acharnement qu'a-t-il enfin produit?

Quelque peu de limaille, une vile scorie.

Mais que faire de vous maintenant, je vous prie?

Oserai-je au chaland vous montrer en plein jour?

— Cela dit, il les prend, les jette dans sa cour;

Elles y sont depuis couvertes par la fange;

Le marchand les dédaigne et la rouille les mange

19

Messieurs les écrivains, ceci s'adresse à vous,

Pour des mots, pour des riens, vous vous chamaillez t

Le fruit de vos talents serait plus profitable

Si vous n'imitiez pas les limes de ma fable.

LES ANIMAUX NOVATEURS,

FABLE.

—

Par un large chemin, chèvres, boucs et moutons
Revenaient chaque soir droit à la bergerie,
Toujours même chanson ! quelle monotonie !
  Le moins adroit le ferait à tâtons,
Disait certain biquet, esprit fort de la troupe,
La poussière affadit l'herbe que nous broutons.

Autour de lui voyant qu'en désordre on se groupe,

Bon, dit-il, on m'écoute, il faut faire le beau,

Crier, pour étourdir cette sotte canaille,

Que pour son bien seul je travaille.

Amis, écoutez-moi, car j'ai dans mon cerveau

D'être bien plus heureux trouvé moyen nouveau.

N'écoutons plus ni chiens, ni maîtres,

Crocs et bâtons sont toujours traîtres ;

Allons à notre guise en ce beau sentier vert,

Du soleil et de l'eau nous serons à couvert,

Sous l'épaisse et fraîche feuillée ;

Vous le voyez, ici la terre est dépouillée,

De maints passants nous recevons les coups ;

Et puis on parlera de nous !

Toute la famille qui bêle

Nous citera comme un modèle ;

En avant ! du commun il faut nous distinguer,

Et nous verrons chacun briguer

L'honneur de marcher sur nos traces!

C'est ainsi qu'on émeut les masses

Par des discours fallacieux.

De notre biquet orgueilleux

La voix est entendue et chacun se débande,

Le chien mord, le berger gourmande,

Les ronces des brebis arrachent la toison,

On ne peut au troupeau faire entendre raison

Qu'après bien des malheurs, fruit de son équipée.

Oui, par la vanité, ce dangereux poison,

C'est ainsi, chaque jour, que la foule est trompée.

AUX ÉLÈVES DE RHÉTORIQUE

DU COLLÉGE DE SAINT-OMER;

POUR LES REMERCIER DE L'ENVOI QU'ILS M'ONT FAIT
D'UNE BIBLE MAGNIFIQUE.

1841.

Trop aimable jeunesse,

Que ma muse intéresse,

Pardonnez ma paresse,

Je reconnais mon tort;

Avant de vous écrire,

J'espérais pouvoir lire

Ce livre où je m'inspire,

Ma belle Bible d'or.

De ses quinze cents pages

J'admire les passages

Et les belles images

Qui me font tant plaisir ;

Je le prends et le quitte

Quelquefois un peu vite,

Mais elle est si petite

L'heure de mon loisir !

Le temps viendra peut-être

Où je pourrai connaître

Ce livre où le Grand-Être

Nous enseigne ses lois.

Ils étaient tous poëtes

Ces dignes interprètes,

Ces grands et saints prophètes ;

Je les lis et je crois.

Mais ce livre admirable

Est pour moi, pauvre diable,

Un bijou véritable,

Trop riche de moitié ;

Je vous offre, je pense,

Bien peu pour récompense,

C'est ma reconnaissance,

Ma constante amitié.

Oh oui ! c'est peu sans doute,

Pour l'argent qu'il vous coûte,

Et c'est ce que redoute

Le pauvre tisserand ;

Peut-être qu'il s'abuse,

Bienheureux si sa muse

Pouvait, pauvre recluse,

Payer si beau présent !

SOUVENIRS.

A Mme MÉNIER.

On m'appelait autrefois,

Quand j'étais dans mon village,

Magu le petit sauvage,

Parce que, dans mon jeune âge,

J'aimais à courir les bois

Dont je chérissais l'ombrage.

Des oiseaux la douce voix

Charmait ma mélancolie,

Et mon âme était remplie

Du Dieu dont je suis les lois ;

Je me disais : ce brin d'herbe,

Où l'insecte se suspend,

Comme ce chêne superbe

Où parfois l'aigle descend,

Sont tous du même architecte ;

Chêne, brin d'herbe, aigle, insecte,

Sortent de la même main.

Une voix semblait me dire :

Mon enfant, regarde, admire

L'œuvre d'un être divin.

Par hasard, sous le feuillage,

Si je trouvais quelques nids,

Loin d'en ôter les petits,

Je les cachais davantage,

Car je me disais tout bas :

Ils ont comme moi, leur mère,

La mienne mourrait, hélas !

Si je ne revenais pas,

Ce soir même à la chaumière,

Me reposer dans ses bras.

Aussi, je m'enfuyais vite

Lorsque le soleil baissait,

Bien las j'arrivais au gîte,

Et ma mère m'embrassait.

Loin de me faire un reproche,

Contente de me revoir,

Tout en riant, de sa poche

Elle tirait son mouchoir ;

Comme j'étais tout en nage,

Elle essuyait mon visage

En me disant : Mon ami,

Tu ne peux manger à table,

Si tu ne sais pas ta fable :

La Cigale et la Fourmi.

— Je la sais. — Mais moi j'en doute.

— J'en sais même une autre... écoute.

— Vraiment, ce serait bien beau!

— *Le Renard et le Corbeau.*

Tiens, mère, voilà mon livre,

Je veux te les réciter;

En lisant tu vas me suivre,

Mais il faut bien m'écouter.

Mon Dieu, qu'elle était contente!

J'entendais battre son cœur,

Je surpassais son attente,

Elle pleurait de bonheur.

Dans mon réduit solitaire
Dès que je suis enfermé,
Je pense à ma pauvre mère,
Dont j'étais le bien-aimé;

Je pense à mon toit de chaume
Où s'abritait ma gaîté,
Le plus chétif du royaume,
Et par moi tant regretté

A l'étable, où dix années
J'ai passé les soirs d'hiver,
Et tant d'heures fortunées,
A chanter mes premiers vers.

Oh! non, jamais on n'oublie
Ces instants, hélas! trop courts,

Ces deux phases de la vie,

Son enfance et ses amours.

POURQUOI
JE NE SUIS POËTE QU'A DEMI.

Vous avez fait un bienveillant accueil,

Mes chers lecteurs, à mon premier recueil,

Et je vous dois, pour tant de complaisance,

Dans celui-ci faire une confidence;

Ce serait mal à moi d'être discret:

Pour ses amis on n'a pas de secret.

Dès à présent vous allez donc connaître

Comment j'ai pu, sans étude, sans maître,

Donner l'essor à mon esprit naissant,

Et quelque peu me rendre intéressant,

Je vais vous dire à qui je dois ma gloire

Et mes succès ; mais voudrez-vous m'en croire ?

Si vous alliez me traiter de menteur,

Cela pour moi ne serait pas flatteur.

Un jour d'été (j'avais seize ans à peine),

Ayant couru comme un fou dans la plaine,

Pour attraper certain lièvre boiteux ;

Je courais bien, il courait encor mieux ;

Vers le clocher lointain de mon village

Je revenais bien triste et tout en nage,

Chemin faisant, je vis un clair ruisseau,

Je m'approchai pour boire de son eau.

Quand j'en eus bu je m'étendis à l'ombre ;

L'herbe était douce et l'endroit était sombre.

J'avais la tête auprès d'un saule creux,

Je vis dedans un vieux livre poudreux ;

J'aurais bien dû le laisser dans son gîte,

Je n'en fis rien et pris l'œuvre maudite.

Ce livre était couvert d'un parchemin,

Il me sembla qu'il me brûlait la main ;

Bref, je l'ouvris et lus : *Le grand Grimoire*,

Mots que je pris pour un titre d'histoire.

Loin de jeter le bouquin malfaisant,

Je le jugeai dès lors très-amusant,

J'en lus tout haut tout au plus une page ;

Pas n'eus le temps d'en lire davantage,

J'entends du bruit, me retourne et je voi...

Ah ! devinez... Le Diable auprès de moi.

Quoi ! direz-vous, comment ! c'était le Diable ?

Je vois encor sa figure effroyable,

Ses doigts crochus, sa queue, et puis ses dents....

Ses yeux brillaient comme charbons ardents ,

Son front était surmonté de deux cornes...

J'étais tremblant, ma peur était sans bornes,

Et bien me prit de n'être pas debout.

« Que me veux-tu? — Moi, mon Dieu, rien du tout.

(Dis-je au démon), grâce! laissez-moi vivre;

Innocemment je lisais dans ce livre,

Et sans vouloir, seigneur, vous déranger.

— Rassure-toi, tu ne cours nul danger,

Je suis soumis à la voix qui m'appelle,

Je viens ici pour te prouver mon zèle,

L'humaine espèce a tort de me haïr,

Je suis puissant, mais je sais obéir;

Je puis, enfant, t'accorder la fortune,

Te faire aimer de la blonde ou la brune;

Pour être heureux, il vous faut beaucoup d'or;

Veux-tu puiser à même un grand trésor?

J'en connais un tout près d'ici, dispose.

De moi tu peux obtenir autre chose,

Tout deviner, lire dans l'avenir,

Avec les morts même t'entretenir.

Veux-tu d'esprit devenir un prodige?

Ah! tu souris... — Je le veux bien, lui dis-je;

Si vous pouvez m'accorder le savoir,

C'est le seul bien que je voudrais avoir.

— Si je le puis! dit Satan, oui sans doute,

Mais sais-tu bien ce qu'il faut qu'il t'en coûte?

— Moi, ma foi non, que puis-je vous donner?

— Ton âme!... — Ah! Dieu! pour si peu me damner!

— Quoi! pour si peu; tu me la bailles belle.

Quand des savants tu serais le modèle,

Quand tu serais poëte, historien,

Penseur profond, prends-tu cela pour rien?

Si je faisais aujourd'hui pour te plaire,

Ce que je fis autrefois pour Voltaire?

Il vécut vieux le grand homme, pourtant

Je te promets que tu vivras autant.

— Bien! mais chez vous quand il faudra descendre,

Vous n'avez pas, dit-on, le cœur trop tendre ;

Il serait bon de le savoir avant.

Je vous dirai ce qu'on m'a dit souvent :

Dans votre empire a-t-on toutes ses aises ?

Vos grands réchauds, vos ardentes fournaises,

Vos lacs de feu, d'huile, de plomb fondu,

Sont là tout prêts. — L'ai-je bien entendu ?

A vous tromper mes détracteurs s'exercent ;

De contes bleus tous ces gens-là vous bercent

Pour dénigrer le plus beau des séjours ;

On croit le mal, on le croira toujours.

Non, mon enfer n'est point celui du Dante.

Un fou suffit pour jeter l'épouvante

Parmi les sots trop prompts à s'alarmer ;

De mes sujets je sais me faire aimer,

De mes rigueurs aucun n'a rien à craindre,

Aussi jamais je n'en ai vu se plaindre ;

Le pourraient-ils quand je fais tout pour eux,

Quand je ne vis que pour les rendre heureux?

Aussi, mon fils, comme chacun s'amuse!

En moins de rien chez nous un siècle s'use.

On rit, on boit, on danse, on fait des vers,

On donne aussi d'agréables concerts,

Sans rien payer on voit la comédie,

Mais pour le drame et pour la tragédie,

Comme cela pourrait nous attrister,

Je défends bien de les représenter.

— Si tout se passe ainsi, l'affaire est faite,

Vous m'assurez que je serai poëte?

— Dès aujourd'hui; mais signe ce papier,

Tu peux à moi sans crainte te fier.

— Tenez, avant qu'avec vous je termine,

Je voudrais bien faire pour ma cousine

Une romance, une simple chanson.

Donnez-moi donc une seule leçon,

Pour me prouver quelle est votre puissance.

— Très-volontiers, sois poëte, commence. »

En ce moment s'agrandit mon cerveau,

Je me sentis un être tout nouveau ;

La poésie illuminait mon âme,

C'était au moins un rayon de sa flamme,

Bien faible encor, oui, mais bien doux pour moi.

Je me sentis le cœur tout en émoi.

Satan avait ce qu'il faut pour écrire !

Et j'écrivis ce que vous allez lire :

CHANSON.

Ma cousine, combien je t'aime,

Je te l'ai dit, tu n'en crois rien,

Pourtant, si tu m'aimais de même,

Pour nos deux cœurs tout irait bien ;

Un jour tu deviendrais ma femme,

Moi, ton mari très-complaisant ;

Chacun t'appellerait Madame;
Cela serait fort amusant.

Nous aurions un petit ménage
Que tu tiendrais toujours bien net,
Et nous aurions dans une cage
Pour nous distraire un sansonnet.
Tu pourrais toujours, ma cousine,
Comme tu le fais à présent,
Bavarder avec la voisine,
Cela serait fort amusant.

Quand tu serais ma ménagère,
Il me serait doux de te voir
Bien mise comme une fermière;
De tout je saurais te pourvoir.
D'enfants nous aurions une troupe
Comme celle au cousin Vincent,

21

C'est toi qui nous ferais la soupe,

Cela serait fort amusant.

O vanité! j'admirais ces couplets :

Vous êtes loin d'en être satisfaits,

Je vous crois bien, mais je les fis sans peine,

En un instant et sans reprendre haleine.

Le Satanas voulut voir mon écrit,

En le lisant dans sa barbe il sourit.

« Tu manques bien encore d'élégance ;

De profondeur, surtout d'expérience ;

Mais signe-moi le papier que voilà,

Je te promets de n'en pas rester là,

Je veux qu'un jour la France t'idolâtre ;

C'est à Paris, sur son brillant théâtre,

Que tu serais deux cents fois couronné.

Le souverain, à bon droit étonné,

S'honorerait de t'avoir à sa table ;

Mille beautés te trouveraient aimable,

Délaisseraient leurs amants pour t'avoir ;

Plaisirs, honneurs, sur toi viendraient pleuvoir,

L'or à grands flots coulerait dans ton coffre,

Mais dépêchons, acceptes-tu mon offre ? »

Moi j'hésitais, tant j'étais interdit.

Je lève enfin les yeux sur le maudit,

Mais le gaillard avait changé de forme,

Il n'avait plus son visage difforme,

Il avait pris le minois attrayant

De ma cousine, et d'un air suppliant

Il me disait : « Signe, ami, si tu m'aime,

Le diable ou moi c'est à peu près de même ;

Va, ne crains rien du seigneur Lucifer ;

Puisque tous deux nous irons en enfer. »

Il en dit plus, mais il faut que j'abrége,

Si bien qu'enfin je donnai dans le piége,

(Notez qu'alors j'étais très-innocent).

« Il faut du bras t'extraire un peu de sang,

Dit le démon ; une simple piqûre

Nous suffira pour une signature. »

Il me montrait déjà du bout du doigt

Pour me piquer le véritable endroit.

Déjà l'épingle allait percer la veine,

Un homme accourt et fait changer la scène.

Cet homme-là, c'était un vieux berger.

Il voit Satan, comprend tout le danger ;

Pour empêcher qu'au diable je me livre,

D'entre les mains il m'arrache le livre ;

C'était le sien, l'ouvre juste au renvoi,

Tout haut le lit : je tremblais malgré moi

En entendant sa puissante parole.

Le diable, alors, abandonne son rôle,

S'enveloppant d'une noire vapeur,

Il disparaît. Moi, frappé de stupeur,

Je regardais le berger sans rien dire.

« Comment, nigaud, tu te laissais séduire

Par l'ennemi de tout le genre humain !

Tu serais mort sans doute de sa main ;

Heureusement que je t'en débarrasse ;

Car il pouvait t'étrangler sur la place.

— Pourtant tous deux nous étions bons amis,

Dis-je au berger ; même il m'avait promis

Que je serais le plus savant du monde.

— Rien n'est trompeur comme l'esprit immonde,

Tu l'aurais vu par toi-même aujourd'hui.

— Mais cependant vous vous servez de lui,

Quand vous voulez, vous le faites paraître.

— Oui, mais de lui je suis toujours le maître,

Il ne peut rien sur mon individu,

Sans quoi j'aurais bientôt le cou tordu.

Depuis longtemps je connais sa malice,

Mais à ma voix il faut qu'il obéisse.

— Il m'a pourtant doté d'un peu d'esprit ;

Dites, peut-il m'ôter ce qu'il m'apprit ?

— Non, ce qu'il donne il ne peut le reprendre.

Tu garderas ce qu'il voulut t'apprendre ;

Mais... tiens, je veux te parler en ami,

Tu ne seras poëte qu'à demi ;

C'en est assez pour soulever l'envie ,

Pour te causer des chagrins dans ta vie.

La poésie est un amusement ,

Malheur à qui l'envisage autrement,

Malheur à qui met son espoir en elle ,

Elle est trompeuse, et pourtant elle est belle,

Elle est divine, elle est fille du ciel

Et quelquefois vous abreuve de fiel ;

Quand nous voulons en faire notre esclave,

Nous devenons le sien , elle nous brave ;

Ne lui donnons que de très-courts instants.

Mais plus que moi t'en apprendra le temps ;

Si le plaisir peut compenser la peine,

Tant mieux pour toi ; je regagne la plaine

Où j'ai laissé mes chiens et mon troupeau.

Une autre fois n'expose plus ta peau.

Tu ferais bien , si tu voulais m'en croire ,

De ne jamais révéler cette histoire. »

Au même instant me quitta le sorcier ;

Je m'empressai de le remercier ,

Et tout pensif regagnai mon village.

Me croyez-vous ? Non, certes, je le gage ;

Le cas m'advint, je crois l'avoir prouvé ;

L'aimez-vous mieux ? eh bien ! je l'ai rêvé.

LA VOIX DU COEUR.

Vous avez fui beaux jours de ma jeunesse !
Vous avez fui pour ne plus revenir !
Mais c'est en vain que l'austère sagesse
Me dit tout bas : « Pourquoi te souvenir?
Oublie, ami, les jeux de ton enfance,
Ne chante plus tes vulgaires amours ;
A la raison donne la préférence,
Tes soixante ans vont sonner dans deux jours. »

Loin de se rendre à cette remontrance

Mon cœur me dit : « Ressouviens-toi toujours. »

C'est à lui seul que j'obéis sans peine ;

De ses avis quand je veux m'écarter,

Si fortement je le sens palpiter

Qu'à mon penchant bien vite il me ramène.

A MA FEMME.

SOUVENIRS.

—

Ma pauvre femme qu'autrefois
J'appelais ma belle cousine,
Oh! qu'alors ton joli minois,
Tes yeux bleus et ta taille fine,
Me rendaient heureux de mon choix;
Il n'était qu'une Catherine!

Mais, hélas! nous devenons vieux,
Nous marchons vers la soixantaine;

Et puis, le travail et la peine
Ont plissé ton front gracieux,
Terni l'éclat de tes beaux yeux,
Même blanchi ces blonds cheveux,
Dont la beauté te rendait vaine.

Que veux-tu? l'inflexible temps,
A tes appas livre bataille,
Et de plus, tes quatorze enfants
T'ont tant soit peu gâté la taille;
Mais tu conserves ta gaîté,
Ton bon cœur est toujours le même;
Et je préfère un cœur qui m'aime,
A la trop fragile beauté.

A seize ans, accorte et jolie,
Tu pouvais donner de l'amour,
Il n'est plus ce temps de folie,

Ma vieille, ta tâche est remplie,

Et de ta fille c'est le tour.

Guide son inexpérience;

Dans ce temps de perversité,

Que de piéges à l'innocence

Peut tendre l'immoralité!

Toi, bonne épouse, tendre mère,

Détourne cette coupe amère,

Aux bords fleuris, enduits de miel.

Heureuse celle qui préfère

La sagesse au regard sévère,

Que Dieu nous envoya du ciel!

Je reviens à notre jeunesse

Dont m'enivre le souvenir;

Ce temps de bonheur et d'ivresse,

Sitôt n'aurait pas dû finir!

Qu'avec plaisir je me rappelle

Cette moisson où, tous les deux,

Nous buvions dans la même écuelle,

Du mauvais lait.... délicieux !

Je te donnais de mon fromage,

Je mordais à même ton pain,

Et j'essuyais avec ma main

L'eau qui coulait de ton visage.

Non, le travail et la chaleur

N'étaient rien, nous étions ensemble ;

Deux amants que l'amour rassemble

Ne ressentent que le bonheur.

Un instant j'ai quitté l'ouvrage,

Pour ce doux moment d'entretien ;

Se reporter à son bel âge,

Ah ! vraiment, cela fait du bien.

Tu le vois, le cœur du poëte

Ne peut jamais se dessécher ;

Mais je retourne à ma navette,

Car pour que ma tâche soit faite,

J'ai besoin de me dépêcher.

LE SOIR.

A M. MÉNIER.

Quand du soleil couchant s'affaiblit la lumière,

J'aime, après mon travail et le repas du soir,

M'éloigner quelque peu de mon humble chaumière

Et sur l'herbe encor chaude, une heure, aller m'assecir.

Et cette heure est pour moi d'un long jour la plus belle,

Celle où je puis penser, du moins en liberté;

Là, mon être grandit, ma foi se renouvelle,

Et le calme renaît dans mon cœur agité ;

Jusqu'à Dieu qui me voit j'élève ma pensée ;

C'est l'instant où je prie et ce n'est pas en vain :

Combien de fois j'ai vu ma prière exaucée,

Et l'espoir, doux rayon, descendre dans mon sein !

Dieu me tendit la main dans mes jours de détresse,

Releva mon courage au lieu de l'émousser ;

Et s'il n'a pas voulu m'accorder la richesse,

C'est par lui que j'apprends du moins à m'en passer.

C'est lui qui m'inspira, bien plutôt que ma muse,

Les chants qui m'ont valu de nombreux protecteurs ;

Je dois à sa bonté, dont jamais je n'abuse,

Un peu de renommée et des succès flatteurs.

Et pourtant qu'ai-je fait? j'ai chanté mon village,

Ma navette, et surtout mes premières amours ;

J'ai chanté les plaisirs qu'on éprouve au bel âge ;

Ils sont bien loin de moi, je m'en souviens toujours.

Je n'ai pas mis en vers d'étranges rêveries ;

Faut-il pour divaguer se creuser le cerveau?

Simples, comme le sont les fleurs de nos prairies,

Mes chants, vous le savez, n'offrent rien de nouveau.

La beauté bien souvent nous charme sans parure,

Elle n'a pas besoin d'un éclat emprunté.

Le poëte inspiré par la sainte nature

Captive quelquefois par sa simplicité.

— Mais c'est trop m'oublier, et j'ai dépassé l'heure ;

Seuls, quelques vers luisants éclairent mon chemin;

Ma femme qui m'attend s'ennuie en ma demeure ;

Ma chère solitude, adieu jusqu'à demain.

A MA NAVETTE.

—

Cours devant moi, ma petite navette,

Passe, passe rapidement!

C'est toi qui nourris le poëte,

Aussi t'aime-t-il tendrement.

Confiant dans maintes promesses,

Eh quoi! j'ai pu te négliger...

Va, je te rendrai mes caresses,

Tu ne me verras plus changer.

Il le faut, je suspends ma lyre

A la barre de mon métier;

La raison succède au délire,

Je reviens à toi tout entier.

Quel plaisir l'étude nous donne !

Que ne puis-je suivre mes goûts !

Mes livres, je vous abandonne....

Le temps fuit trop vite avec vous.

Assis sur la tendre verdure,

Quand revient la belle saison,

J'aimerais chanter la nature....

Mais puis-je quitter ma prison ?

La nature.... livre sublime !
Le sage y puise le bonheur,
L'âme s'y retrempe et s'anime,
En s'élevant vers son auteur.

A l'astre qui fait tout renaître
Il faut que je renonce encor ;
Jamais à ma triste fenêtre
N'arrivent ses beaux rayons d'or.

Dans ce réduit profond et sombre ;
Dans cet humide et froid caveau ;
Je me résigne, comme une ombre
Qui ne peut quitter son tombeau.

Qui m'y soutient? c'est l'espérance,
C'est Dieu, je crois en sa bonté ;

Tout fier de mon indépendance ,

J'y retrouve encor la gaîté.

Non, je ne maudis pas la vie ,

Il peut venir des temps meilleurs ;

Quelque peu de philosophie

M'en fait supporter les rigueurs.

Tendre amitié , qui me console ,

Ne viens-tu pas me visiter?

Ah ! combien j'aime ta parole ,

Et qu'il m'est doux de l'écouter !

Je me soumets à mon étoile ;

Après l'orage , le beau temps....

Ces vers, que j'écris sur ma toile ,

M'ont délassé quelques instants.

Mais vite reprenons l'ouvrage,

L'heure s'enfuit d'un vol léger;

Allons, j'ai promis d'être sage,

Aux vers il ne faut plus songer.

Cours devant moi, ma petite navette,

Passe, passe rapidement!

C'est toi qui nourris le poëte,

Aussi t'aime-t-il tendrement.

FIN DES POÉSIES

NOTES.

Page 29,

> Et tu tombes dans le paré.

C'est la colle pour parer le fil.

Page 149,

> Moi, bon paysan de Tancrou.

Tancrou, village charmant aux bords de la Meuse, où
Magu fut élevé, comme on l'a dit dans la notice.

Page 205,

> Je sais l'accueil que je dois faire
> Au poëte, à ses jolis vers.

La pièce suivante pourra donner une juste idée du

talent poétique de M. Gilland qui est, comme on sait,
gendre de Magu :

A LA MÈRE DE MON FILS.

LA MUSE ET LA NÉCESSITÉ.

—

« L'hirondelle revient, voici des fleurs écloses,
Le miel et les parfums dans l'air sont confondus;
C'est la saison des fleurs, poëte, et tu reposes!
Tes attributs divins aux murs sont suspendus!

La nature avec pompe étale ses merveilles,
Le jeune agneau bondit sur les monts empourprés,
Des soleils chauds et doux ont remplacé les veilles,
L'émeraude scintille à chaque herbe des prés.

Les roseaux caressants baisent l'eau murmurante,

Dans les blés encor verts sautille la perdrix,

Les chemins sont jonchés d'une neige odorante

Que le vent fait tomber des cerisiers fleuris.

De précoces bourgeons palpitent sur la branche,

Le souple chèvrefeuille aux arbustes s'unit,

La violette arrive, et l'aubépine blanche

Couvre de ses rameaux les oiseaux dans leur nid.

Le ruisseau qui serpente au pied de la montagne

Sur ses cailloux d'argent roule tranquille et clair,

Une douce harmonie en ces lieux l'accompagne ;

Tout est musique au cœur, tout est parfum dans l'air.

C'est l'espoir des beaux jours, c'est la saison première ;

L'aurore a salué son enfant adoré,

L'étoile a ravivé sa céleste lumière,

D'or, de pourpre et d'azur le ciel s'est coloré.

Le gazon a poussé sur les feuilles tombées,

L'abeille au léger vol joue avec le zéphyr,

La terre ouvre son sein aux nombreux scarabées

Tout moirés, tout couverts de robes de saphir.

Le cœur de la colombe a frémi sous son aile,

Ses appels langoureux font rêver aux amours;

Aimant, sensible et doux, poëte, fais comme elle,

D'une volupté pure enivre encor tes jours.

La paix t'a ménagé de bien belles retraites

Au bois mystérieux de nouveau revêtu.

Chante! et dans l'avenir tes couronnes sont prêtes;

Poëte, viens à moi.... Poëte, m'entends-tu?

— Oui ! mais je dois ma vie aux labeurs de la terre ;

Ce que tu veux de moi le ciel me le défend ;

Il faut dans son grenier du feu pour mon vieux père,

Et chaque jour du pain pour nourrir mon enfant.

Partout , en chaque lieu, qu'il veille ou qu'il sommeille,

Comme un serpent caché, pour enlacer ses pas,

Auprès du travailleur la nécessité veille,

— Farouche déité qui voit, mais n'entend pas ! »

. . . .

On dit que le poëte a gardé dans son âme

Bien des trésors cachés que Dieu seul a connus ;

Un ange a pris pour lui la forme d'une femme ;

Mais les jours glorieux ne sont jamais venus.

GILLAND, OUVRIER SERRURIER.

VERS TROUVÉS SUR MA CHEMINÉE

—

A M. MAGU,

POËTE, TISSERAND, TEINTURIER, A LIZY.

—

La modestie en vain d'un voile t'enveloppe,

Artisan digne d'un renom ;

A travers ses replis j'ai vu ton horoscope,

Et je vais achever ton nom ;

Magu d'une S au bout doit reprendre l'usage ;

Personne, j'en réponds, n'y mettra son veto.

Quand on en a le nom, et quand on est un sage,
Pourquoi garder l'incognito ?

Ainsi qu'Osée en toi tout est emblématique,
Le ciel pour te doter fit des profusions ;
Ta tête même est prophétique ;
Comme elle s'harmonise à tes professions !

Ta navette et ses habitudes
N'offrent-elles pas le tableau,
Du cœur humain, de ses vicissitudes,
Du sein maternel au tombeau ?

Ourdissant ta fragile trame,
Tu penses, tu peins à la fois
De quels soins nous devons environner notre âme,
Faible comme le fil que vont tisser tes doigts.

Aux objets que l'on te confie

Tu sais donner de brillantes couleurs ;

Symbole ingénieux de la philosophie,

Qui poétiquement teint le fil de la vie,

En la couvrant de quelques fleurs.

Magus, en toi je vois un sage,

Semblable en tout aux Mages d'autrefois ;

C'est à ce titre aussi que je te rends hommage,

Car la sagesse rend plus grand que bien des rois.

TABLE.

POÉSIES.

FIN DE LA TABLE.

RABAIS sur les formats gr. in-18 jésus, à la même Librairie.

PREMIÈRE SÉRIE, à 2 fr le vol.

Dictionnaire des hérésies............ 2 vol.
Genoude. La sainte Bible............ 2 vol.
Les Mille et une Nuits............ 2 vol.
Les Mille et un Jours............ 1 vol.
Térence, édition Nisard............ 1 vol.

DEUXIÈME SÉRIE, à 1 fr. 75 c. le vol.

Capefigue. Hugues Capet............ 2 vol.
— Philippe d'Orléans............ 1 vol.
Mme de Girardin. Poésies complètes.. 1 vol.
George Sand. Consuelo............ 4 vol.
— Comtesse de Rudolstadt.. 2 vol.
Magu. Poésies............ 1 vol.
Diodore de Sicile. Biblioth. historique.. 4 vol.
Plutarque. Traités de morale............ 2 vol.
Polybe. Histoire............ 3 vol.
Robertson. Histoire de Charles-Quint... 2 vol.
Robert Burns. Poésies complètes... 1 vol.
Miss Inchbald. Simple histoire............ 1 vol.
Manzoni. Théâtre et poésies............ 1 vol.
Romancero Espagnol............ 2 vol.
Buffier. Traité des vérités............ 1 vol.
Arnauld. Œuvres philosophiques............ 1 vol.
Clarke. Œuvres philosophiques............ 1 vol.
Le Père André. Œuvres philosophiques. 1 vol.
Cousin. Philosophie cartésienne............ 1 vol.
Tertullien. Œuvres............ 1 vol.

TROISIÈME SÉRIE, à 1 fr. 50 c. le vol.

Mme Ancelot. Gabrielle............ 1 vol.
Boccace. Décameron............ 1 vol.
Léon Guérin. Histoire maritime............ 2 vol.
X. Marmier. Lettres sur l'Islande............ 1 vol.
Michel Masson. Contes de l'atelier.. 2 vol.
P. Aretin. Œuvres choisies............ 1 vol.
Stendhal. Rouge et Noir............ 1 vol.
Paul de Kock. Mon voisin Raymond... 1 vol.
— André le Savoyard............ 1 vol.
— Monsieur Dupont............ 1 vol.
— Georgette............ 1 vol.
— Frères Jacques............ 1 vol.
— Sœur Anne............ 1 vol.
— Barbier de Paris............ 1 vol.
— Jean............ 1 vol.
— La Femme, le Mari, etc.. 1 vol.
— Le Cocu............ 1 vol.
— La Laitière de Montferm. 1 vol.
— La Maison blanche............ 1 vol.
— Gustave............ 1 vol.
— Madeleine............ 1 vol.
— La Pucelle de Belleville.. 1 vol.
— Un Bon Enfant............ 1 vol.
— L'Homme de
— L'Enfant de u
— Zizine....
— Un Tourlourc
— Ni Jamais ni '
— Moustache..
— Un homme à

Pa

Paul de Kock. Un Jeune homme charm. 1 vol.
— Un Mari perdu............ 1 vol.
— Les Enfants de Marie... 1 vol.
— La Jolie fille du faubourg. 1 vol.
— L'Homme aux trois culott. 1 vol.
Martin Luther. Propos de table............ 1 vol.
Ségur. Mémoires, Souvenirs, etc............ 2 vol.
— Galerie Morale............ 1 vol.
Vertot. Œuvres choisies............ 2 vol.

QUATRIÈME SÉRIE, à 1 fr. 25 c. le vol.

Anastase ou Mémoires d'un Grec............ 1 vol.
Arnould et Fournier Struensée............ 1 vol.
Mme Beaudoux. Science maternelle... 1 vol.
B. Jullien. Hist. de la poésie française. 2 vol.
Bouché. Druides et Celtes............ 1 vol.
Buchez. Hist. de l'assemblée constituante. 5 vol.
Buchon. La Grèce et la Morée............ 1 vol.
Alexandre Dumas. Gaule et France............ 1 vol.
— Jacques Ortis............ 1 vol.
Eugène Sue. Histoire de la marine.. 4 vol.
Frédéric Soulié. Sathaniel............ 1 vol.
— Conseiller d'État............ 1 vol.
— Comte de Toulouse... 1 vol.
Cl. Genoux. Mém. d'un enfant de la Sav. 1 vol.
É. Girardin. De l'instruction en France. 1 vol.
N. Gogol. Nouvelles Russes............ 1 vol.
Histoire de Johan de Saintré............ 1 vol.
Kératry. Le dernier des Beaumanoir.. 1 vol.
Is. Bourdon. Lettres à Camille............ 1 vol.
Michelet. Du Prêtre, de la Femme, etc.. 1 vol.
— Du Peuple............ 1 vol.
Meneval. Napoléon et Marie Louise... 3 vol.
Bernard de Palissy. Œuvres complètes. 1 vol.
Benvenuto Cellini. Œuvres complètes.. 2 vol.
Goupy. Œuvres complètes d'Horace............ 1 vol.
Campenon. Œuvres poétiques............ 1 vol.
Renouvier. Philosophie ancienne............ 2 vol.
Richard. Éducation des Enfants............ 1 vol.
Genoude. Sermons et Conférences............ 1 vol.
Teissier. La médecine populaire............ 1 vol.
Viardot. Les musées d'Allemagne............ 1 vol.
— Souvenirs de chasse............ 1 vol.
F. Wey. Dictionnaire démocratique............ 1 vol.

CINQUIÈME SÉRIE, à 1 fr. le vol.

A. Aubert. Vie de M. Boudin............ 1 vol.
Bonnechose. Lettres de Jean Huss............ 1 vol.
Bossuet. Défense de l'Église............ 1 vol.
Burette. Histoire de la Révolution............ 4 vol.
Ortolan. Les Enfantines............ 1 vol.
Épisodes des guerres de religion............ 1 vol.
G. de Beaumont. Système pénitentiaire. 1 vol.
.... 1 vol.
.... 1 vol.
.... 2 vol.
.... 1 vol.
.... 1 vol.
...elles... 1 vol.
.... 1 vol.
.... 1 vol.

9 782013 095433